第二届国医大师人物风采

国家中医药管理局 编

国医大师

中国中医药出版社
·北京·

编委会

前言

国 医 大 师 印 象……

　　宇宙洪荒，沧海桑田，在五千年的历史长河中，中华民族创造了灿烂的华夏文化。在自然和谐发展的过程中，人们通过长期的实践观察，积累了丰富的治病防病经验，创造了具有独特体系的中医药学，涌现出众多医学家。华夏文化孕育了中医药学与历代医家，中医药学与历代医家的故事也成为华夏文化的重要组成部分。

　　作为华夏文化的杰出代表，中医药学充分体现了中华民族的思维特点，她融文化、科技于一体，对世界文明进步产生了积极影响，为中华民族的繁衍昌盛作出了重要贡献。

　　作为中医药学的主体，中医药学家是中医药学中最活跃的因素，正是他们成为推动中医药学发展的直接动力，是中医药学经验的总结者，是中医药学理论的丰富者，同时又是直接为患者防病治病的服务者，他们直接将中医药学转化为生产力，而且成为中医药文化的核心。

　　江山代有人才出，历代都有杰出的医药学家，他们及其医学著作成为那个时代的丰碑，形成了那个时代医学的鲜明特点，医药学家在人们心目中形象高大，全国各地众多的的医圣祠、药王庙都充分说明了这一点。

　　为了继承与发扬中医药学，弘扬中医药学术，扩大中医药影响，充分发挥名医在中医药学术发展中的巨大作用，人力资源与社会保障部、国家卫生与计划生育委员会和国家中医药管理局继首届国医大师评选工作后，2014年又开展了第二届国医大师评选工作。国医大师都是中医药界的翘楚，他们医德高尚，医术精湛，具有很高的威望和人格魅力，对凝聚行业力量、树立行业形象、引领行业发展发挥着不可替代的独特作用。因此，我们在2011年5月组织编辑《国之瑰宝——中国国医大师录》画册的基础上，又组织编写了《国医大师印象——第二届国医大师风采》画册，生动形象地展现了第二届国医大师丰富多彩的人生经历，希冀此探寻大师心灵深处的中医情结，并由此深刻领悟国医大师们深邃学术思想的内涵。

　　在本书编写过程中，各有关单位领导、专家、国医大师及其家人和学生给予了大力支持，在此表示深深谢意。

《国医大师印象》编委会

2014 年 10 月

目录

国医大师印象……

干祖望

他成立了全国第一家中医耳鼻咽喉科，建立了"干氏中医耳鼻喉科理论体系"，并为全国同行认同；制定两个被全国规范化教材选用的新病种：多涕症和喉源性咳嗽；出版著作《中医耳鼻喉科学》，主编多部中医耳鼻喉科教材。

干祖望，男，1912年9月生，上海松江人，农工民主党党员，教授，南京中医药大学附属医院主任中医师。

1929年至1933年师从浙江名医钟道生，1953年至1954年在中央机关直属第二医院耳鼻喉科进修。中华中医药学会耳鼻喉科专业委员会主任委员、名誉主任委员，第一批全国老中医药专家学术经验继承工作指导老师，享受国务院政府特殊津贴专家。2005年科技部"名老中医学术思想及临证经验传承研究"100名中医学家之一。1985年被江苏省政府授予江苏省优秀教师奖，2003年被中华中医药学会聘为终身理事，2006年获中华中医药学会首届中医药传承特别贡献奖，2009年获中华中医药学会全国先进名医工作室奖，2011年获江苏省医师终身荣誉奖。

▶ 临床实践

干氏1952年在上海松江首次开设中医耳鼻咽喉科，在北京进修后成为第一位掌握现代耳鼻喉科知识的中医师。1972年成立全国第一家中医耳鼻咽喉科，创"鼻渊合剂"、"参梅含片"、"还听丸"等新药；主持成立"嗓音病"、"过敏性鼻炎"等专病门诊。从医八十年，誉满海内外。

▶ 创新学术

干氏建立了"干氏中医耳鼻喉科理论体系"，并为全国同行认同。

1. **五诊学说** 干氏在望闻问切四诊的基础上，增加耳鼻喉科"查诊"，并使之成为具有特色的"五诊"之一，这一创新有利于中医辨病和辨证。另外，干氏在喉科领域打破了"金实不鸣、金破不鸣"的传统理论。

2. **耳鼻喉科脾胃学说**　干氏运用补中益气汤治疗慢性咽炎，打破了"白术不入喉科"古训；他还善用健脾益气法治疗鼻炎、中耳炎等。

3. **嗓音学说**　干氏提出"喉有五属：无形之气者，心为音声之主，肺为音声之门，脾为音声之本，肾为音声之根。有形之质者，声带属肝，得肺气之鼓舞而能震颤；室带属脾，得气血之濡养而能活跃；会厌、披裂属于阳明，环杓关节隶乎肝肾。"对嗓音医学很有指导意义。

4. **"中介证"学说**　干氏把外感六淫侵犯人体而直接致病者列为一级中介证；把内伤七情致病的证候、六淫致病后转化而生的证候（如风化燥、寒化热）以及继发致病因素（痰饮、瘀血）等致病者列为二级中介证；把病情重笃的证候列为三级中介证。

5. **温阳法治疗过敏性鼻炎**　干氏根据患者鼻涕清稀、遇寒加重等特点，提出温阳补肾法治疗过敏性鼻炎，后来成为全国同行最常用的治疗方法。

6. **耳聋治肺、鼻塞治心**　耳病治肾、鼻病治肺为常法，干氏发现有些耳聋，伴有鼻塞、流涕等症，用三拗汤有效，符合"耳聋治肺"；用入心经的活血化瘀药治疗慢性肥厚性鼻炎，则称为"鼻塞治心"。

7. **泻离填坎、伐震润兑**　心、肾、肝、肺，分别与"八卦"的离、坎、震、兑相对应。善用清心火、补肾水、平肝阳、润肺燥，即泻离、填坎、伐震、润兑四法。

8. **黏膜病证"十辨"**　归纳了辨色泽、辨疼痛、辨肿胀、辨肿块、辨斑点、辨溃烂、辨假膜、辨痒、辨脓血、辨气味的专科特色辨证。

9. **制定两个被全国规范化教材选用的新病种**　多涕症和喉源性咳嗽。

▌ 科研成果

主持、指导完成国家自然科学基金课题 1 项、科技部课题 2 项、部省级课题 6 项，获部省级科技进步奖 2 项。1980 年起主办 6 期全国中医耳鼻喉科进修班，为全国各地及海外培养大批专科人才。1956 年出版《中医耳鼻喉科学》，主编多部中医耳鼻喉科教材。1992 年出版代表作《干氏中医耳鼻咽喉科学》。20 世纪 80 年代以来，发表论文、医话等 400 余篇。

▌ 藏书状元

干氏一生的最大爱好是藏书和读书。家藏万余册书籍被分成工具书、丛书、医史、医经、本草、方剂、耳鼻咽喉口腔科、各家医籍、医案、西医 10 个大类，一以其藏书之多取胜，二以其理书有序而出众。1990 年干氏被南京文化界评为"藏书状元"。他将自己的书房命名为"茧斋"，并且自题诗曰："我事涂鸦你吐丝，两般姿态一般痴；年年自缚琅缳里，乐仅庐陵太守知。"足见他对书的感情之深。

睿智、刚正、潇洒、乐观的干祖望

2006年，国家"十五"科技攻关计划课题"名老中医学术思想与临证经验传承研究"启动，干祖望被遴选为100名国家名老中医

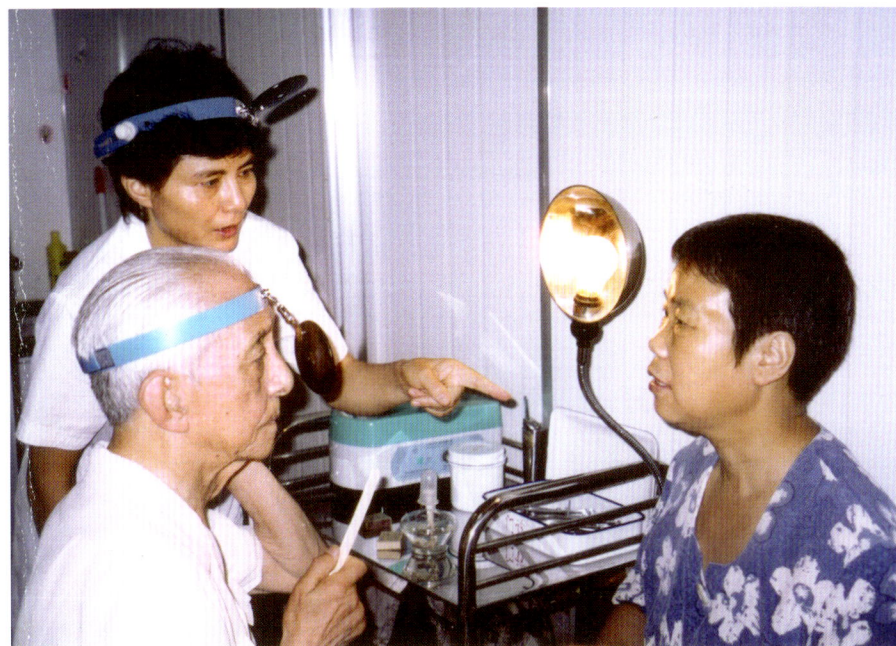

干祖望教授在为患者诊病

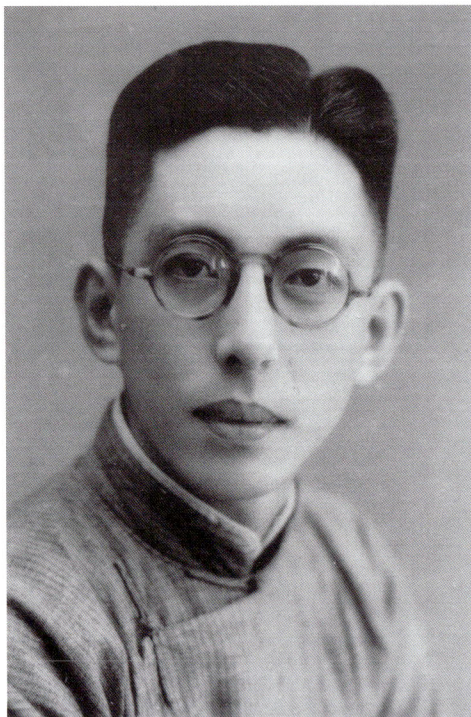

青年时代的干祖望
（摄于 1932 年）

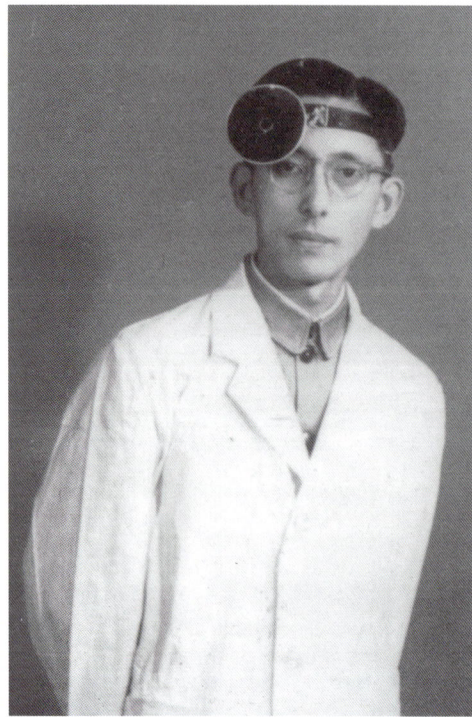

1952 年干祖望在北京"中央机关直属第二医院"进修耳鼻咽喉科时留影

1985 年第三届全国中医耳鼻喉科进修班结业留影

干門弟子合影於金陵 1992.10.9.

1992 年干祖望教授 80 华诞庆贺会时与学生们合影

干祖望教授与夫人俞紫英金婚留影

干祖望教授与女儿干千在书房

干祖望教授勤于笔耕，著作等身

干祖望教授在 80 多岁时还常常爬山旅游，如老顽童

干祖望教授的部分学术著作

干祖望教授和他的团队成员

王琦

他擅治过敏性疾病和代谢性疾病及男科疾病；提出"辨体－辨病－辨证"、"主病主方"的诊疗模式，并总结44个疑难病主方；构建中医体质学和中医男科学，推动中医学科分化；制定首部《中医体质分类与判定》行业标准。

王琦，男，1943 年 2 月生，江苏高邮人，中共党员，医学硕士，北京中医药大学终身教授、主任医师、研究员、博士生导师，中央保健委员会会诊专家，国际欧亚科学院院士。

1961 年从医，1980 年研究生毕业于中医研究院中医内科专业。中华中医药学会中医体质分会主任委员，第二、三、四批全国老中医药专家学术经验继承工作指导老师，第一批中医药传承博士后合作导师，国家"973"计划首席科学家，享受国务院政府特殊津贴专家。2013 年获中国科协全国优秀科技工作者称号、北京市政府首都劳动奖章、何梁何利基金科技进步奖。

▶ 临床特色

王氏擅治过敏性疾病和代谢性疾病，他从改变患者的过敏体质入手，针对变异性哮喘、变应性鼻炎、荨麻疹等过敏性疾病，制订调节过敏体质系列方药，并于 2013 年获中华中医药学会李时珍医药创新奖。他从改变患者的痰湿体质入手，针对肥胖、高脂血症、痛风等代谢性疾病，制订化痰祛湿系列方，于 2011 年获北京市科学技术奖一等奖。

王氏擅治男科疾病。他针对男性不育、勃起功能障碍，提出"精室论"、"宗筋论"，并研制出国家新药"黄精赞育胶囊"和"疏肝益阳胶囊"，已应用 13 年，于 2011 年获中华中医药学会技术发明奖一等奖。他研制的治疗慢性前列腺炎的方药获国家发明专利。

▶ 学术特色

王氏注重经典研究与临床相结合，著有《内经与临证》、《经方应用》等。

王氏提出"辨体－辨病－辨证"、"主病主方"的诊疗模式，拓展临床思维。他总结 44 个疑难病主方，著有《辨体－辨病－辨证诊疗模式创建与应用》、《王琦方药应用 31 论》、《王琦治疗 62 种疑难病》等。

构建中医体质学和中医男科学，推动中医学科分化。中医体质学已成为中医学二级学科和国家中医药管理局重点学科，《中医体质学》被列为中医院校创新教材。构建中医男科学理论体系，著有《中医男科学》、《王琦男科学》，2005 年获中华中医药学会著作奖一等奖，2006 年获教育部高等学校自然科学奖二等奖。

▶ 学术传承

以王琦为代表人物的中医体质学派被国家中医药管理局"中医学术流派课题组"列为中医当代学术流派，"王琦名老中医体质学术流派研究"获北京市自然科学基金资助。建有国家中医药管理局和北京市王琦名医传承工作室（站）。形成学术传承谱系，先后培养硕、博士、博士后及继承人 113 名。2007 年被国家中医药管理局评为全国优秀中医临床人才研修项目优秀指导老师、全国老中医药专家学术经验继承工作优秀指导老师。

▶ 贡献与影响

制定行业标准，创立体质辨识法，为国家医改、公共卫生服务作出巨大贡献。制定首部《中医体质分类与判定》行业标准，由中华中医药学会颁布，在全国 173 家治未病中心应用，2007 年获国家科技进步奖二等奖。所创体质辨识法被纳入《国家基本公共卫生服务规范》及其项目，被写入卫生部深化医改的相关文件，使中医药首次进入国家公共卫生服务体系。主持制定《老年人中医药健康管理服务技术规范》，政府为此投入服务资金 7.2 亿元，覆盖全国 32 个省（市）30% 的老年人群。

承担重大科研项目，富有成果。主持国家级项目 10 项（包括"973"项目 2 项，国家自然科学基金重点项目 1 项），部级项目 6 项。以第一完成人获国家级二等奖 1 项，省部级一、二等奖 13 项，发明专利 6 项。主编专著 36 部，发表核心期刊论文 326 篇，SCI 论文 15 篇。

传播中医药文化，对外开展医疗和学术交流，扩大中医药国际影响。所著科普著作 2012 年被新闻出版总署、国家中医药管理局评为"首届全国优秀中医药文化科普图书"。所著《中医体质学》被日本、韩国多次翻译出版，《中医体质量表》被译成英、日、韩文版推广应用。

2011 年王琦教授在
北京中医药大学国
医堂出门诊

王琦教授笔耕不辍

2012 年王琦教授在南非参加"首届中非中医药合作论坛"时留影

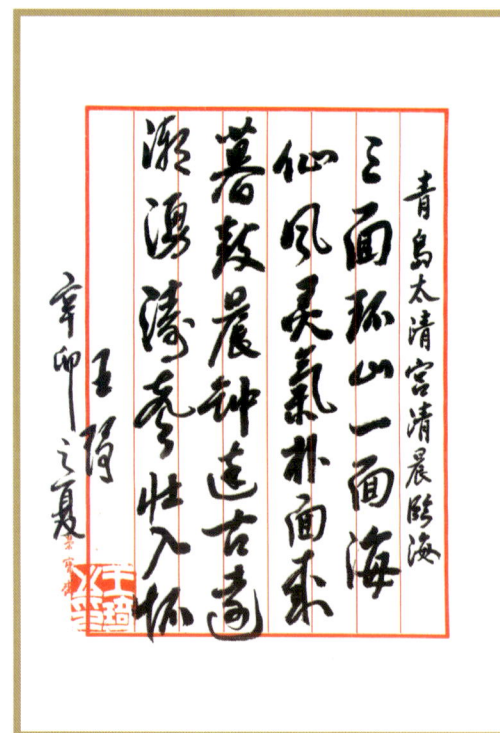

青岛太清宫清晨临海

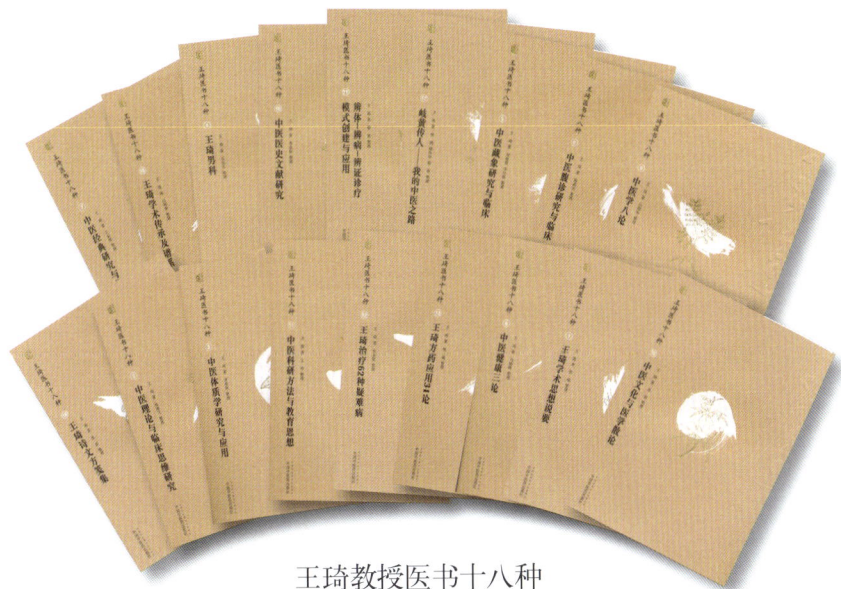

王琦教授医书十八种

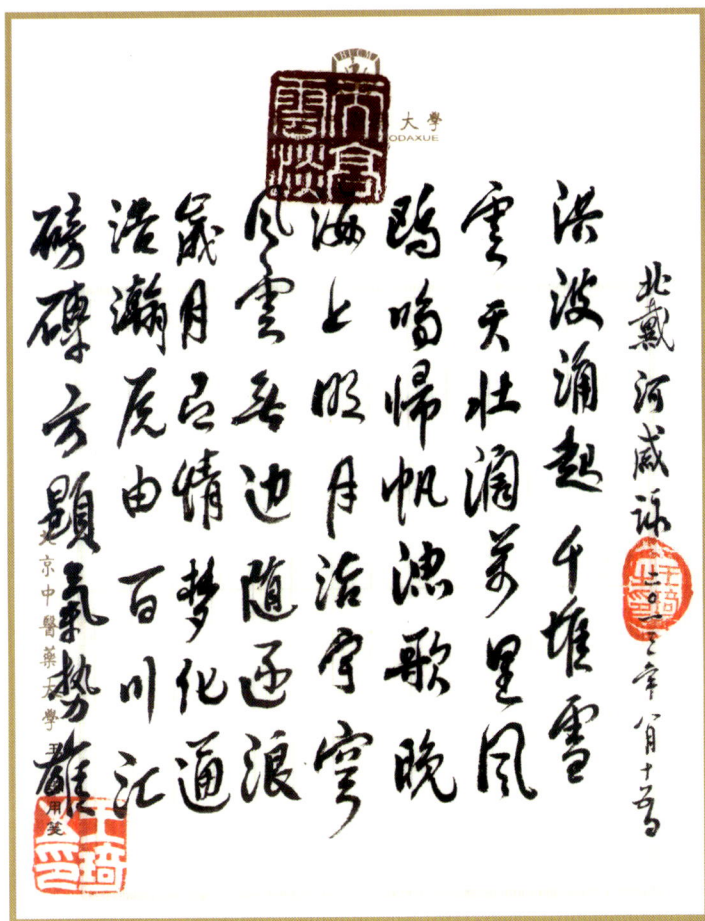

北戴河感咏

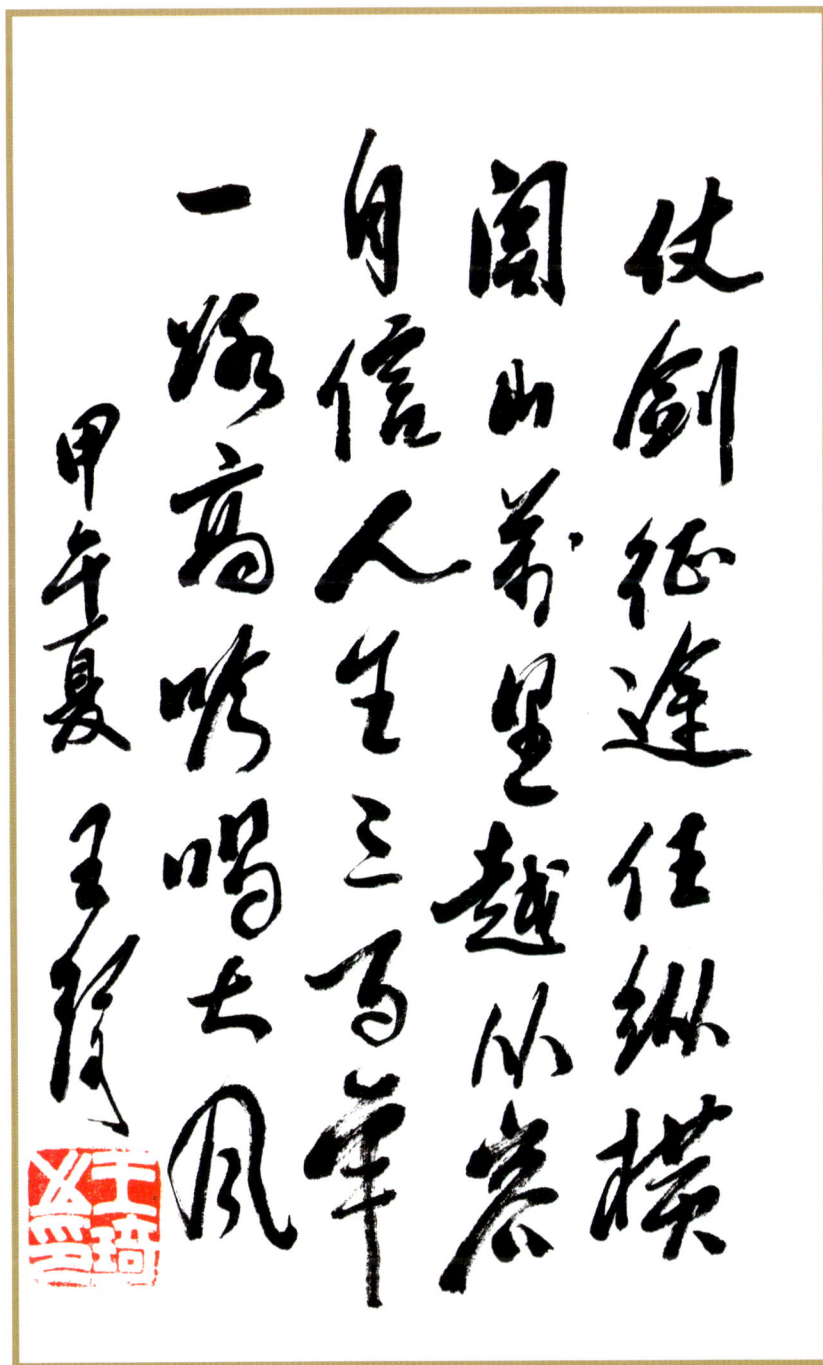

仗剑 无题

何梁何利基金2013年度颁奖大会

中国·北京
2013年10月30日

王琦教授在颁奖大会上

王琦教授始终保持勤奋学习的习惯

王琦教授辛勤笔耕

王琦教授在为国外患者诊病处方

2010 年 12 月 16 日，王琦教授在南京中医药大学即兴演讲"没有新学说就没有新流派"

王琦教授的部分著作

巴黑·玉素甫

60余年来，他积极投身维吾尔医药事业。在新疆维吾尔医医院发展初期，他主动提供自己持有的大量处方，医院生产的37种国药准字产品中，20余种是他提供的处方。同时，他还以各种方式培养维吾尔医骨干50余名。

巴黑·玉素甫（1934年7月 –2014年4月）男，维吾尔族，新疆人，中共党员，主任医师。

他出生于维吾尔医世家，师承于父亲，为第三批全国老中医药专家学术经验继承工作指导老师，是新疆维吾尔自治区区级非物质文化遗产名录项目《维吾尔医药》的代表性传承人，是新疆维吾尔自治区第五、七届政协委员，中华中医药学会终身理事，新疆维吾尔自治区民族医药学会第三、四届名誉会长，中国民族医药学会维吾尔医药分会名誉会长，中华人民共和国卫生部药品标准《维吾尔药分册》编者，维吾尔医药学本科、专科统用教材《维吾尔医药学》编写委员，国家中医药管理局民族医适宜技术筛选推广专家组顾问，国家维吾尔医肺病、妇产科临床重点专科学术带头人，国家中医药管理局重点专科维吾尔医妇科、肺病科、脾胃病科学术带头人，《中华医学百科全书——维吾尔医药学分卷》编委。

1986年被新疆维吾尔自治区科技干部局评为优秀专业技术工作者，1993年被中共新疆维吾尔自治区委员会组织部评为优秀共产党员，1995年被国家卫生部、中医药管理局、人事部评为全国卫生系统先进工作者，1995年被新疆维吾尔自治区人民政府评为自治区优秀专家，2009年被中华中医药学会授予中华中医药学会成就奖，2012年被新疆维吾尔自治区中医民族医药管理局授予"名中医民族医"称号。

▶ 临床经验丰富，学术思想独特

巴黑·玉素甫善于用维吾尔医独特的理论体系诊治各种疑难杂症。他利用维吾尔医学基础理论体系中的"体液学说"和"气质学说"，根据"四种体液"的变化状态和个体"气质"的变化，在治疗异常黑胆质性疾病——肿瘤、高血压、糖尿病等方面有独到的学术思想和临床经验，深受各族患者的青睐，在全疆乃至中亚地区具有一定的影响力。

▶ 献计献策，为维吾尔医药发展贡献力量

为使传统的维吾尔医学得到发扬光大，造福世人，60 余年来，巴黑·玉素甫以极大的勇气和毅力投身维吾尔医药事业的发展中。在新疆维吾尔医医院发展初期，他主动提供了自己持有的大量处方，供医院研发和生产。医院与武汉人福药业共同研制开发了 37 种国药准字产品中，有 20 余种为他所提供的处方，包括"祖卡木冲剂"、"木尼孜其颗粒"等广受患者欢迎和认可的药品。

▶ 无私传承，倾囊相授

作为医院的学术带头人，他在重点专科、重点学科建设及科研项目研究等多方面取得了显著的成绩。他是第三批全国老中医药专家学术经验继承工作指导老师，目前已毕业继承人 2 名，正在培养继承人 2 名。与此同时，他还以各种方式培养了维吾尔医骨干人才 50 余名。

"十一五"期间，国家启动了"十一五"国家科技支撑计划"民族医药发展关键技术示范研究"课题，确定了巴黑·玉素甫为民族医研究对象之一，他积极配合课题组，按计划开展和完成了各项工作。

2010 年国家中医药管理局公共卫生资金项目——民族医药文献整理及适宜技术筛选推广项目启动，巴黑·玉素甫担任了该项目的专家组顾问，并以他的维吾尔医药理论为指导，在长期临床实践的基础上，以新疆地区常见病、多发病为研究对象，结合其维吾尔医药理论体系、诊疗规范、治疗方案及院内制剂和外治（非药物）疗法技术等规范化研究等关键问题，在区内开展以多中心联合进行临床基础研究、临床疗效评价研究、常用院内制剂规范化研究、外治（非药物）疗法技术操作规范研究，形成了能够体现维吾尔医药特色优势的外治（非药物）疗法技术，并使之成为学得会、用得起、成熟的规范化诊疗技术规范。

▶ 四、医德高尚，患者第一

从医 60 年来，他坚持廉洁行医，恪守医生的职业道德和操守，他诊治的患者已有数万余例，其中近百例患者因为家境贫困，得到了免费诊治。如今，他年事已高，身体远不如从前，但面对专程远道而来的患者，他仍然热心地为其看病诊治，用自己的一生诠释着"医者仁心"。

2005 年，巴黑·玉素甫教授在办公室查阅资料

2011 年，巴黑·玉素甫教授在乌鲁木齐市白杨沟参加义诊活动

1985 年蒙医专家在新疆维吾尔医医院进行调研时与巴黑·玉素甫等专家合影

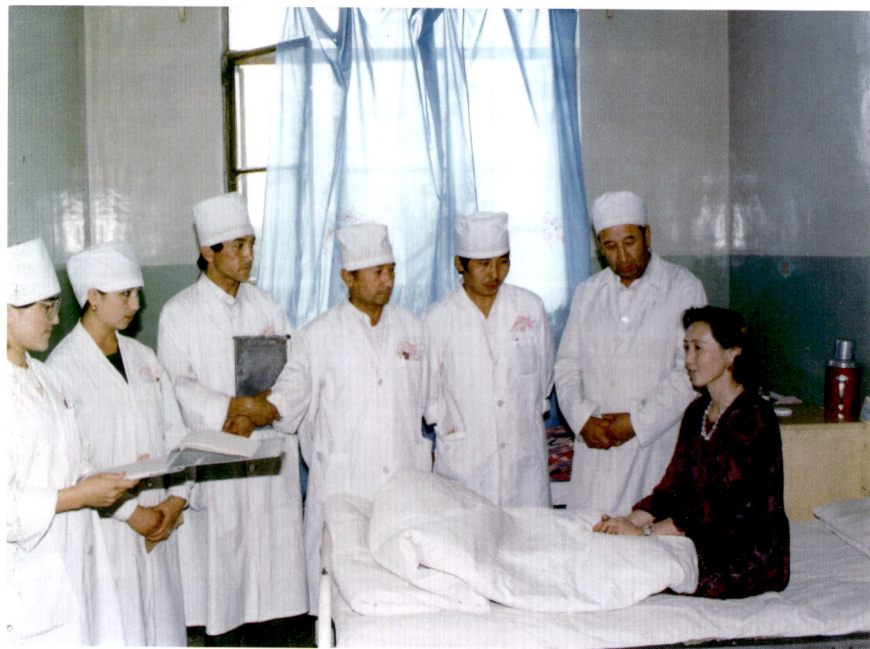

1988 年，巴黑·玉素甫教授带领学生开展教学查房工作

1995 年，新疆维吾尔自治区维吾尔医医院建院者合影

1995 年，巴黑·玉素甫教授与同事们共同研究疑难病例

1997 年，巴黑·玉素甫教授参加义务劳动

2003 年，巴黑·玉素甫教授带领学生参加在新疆乌鲁木齐市举办的"2003 国际维吾尔医药学术会议"

2007年，巴黑·玉素甫教授在新疆乌鲁木齐市参加维吾尔药品研发专家论证会

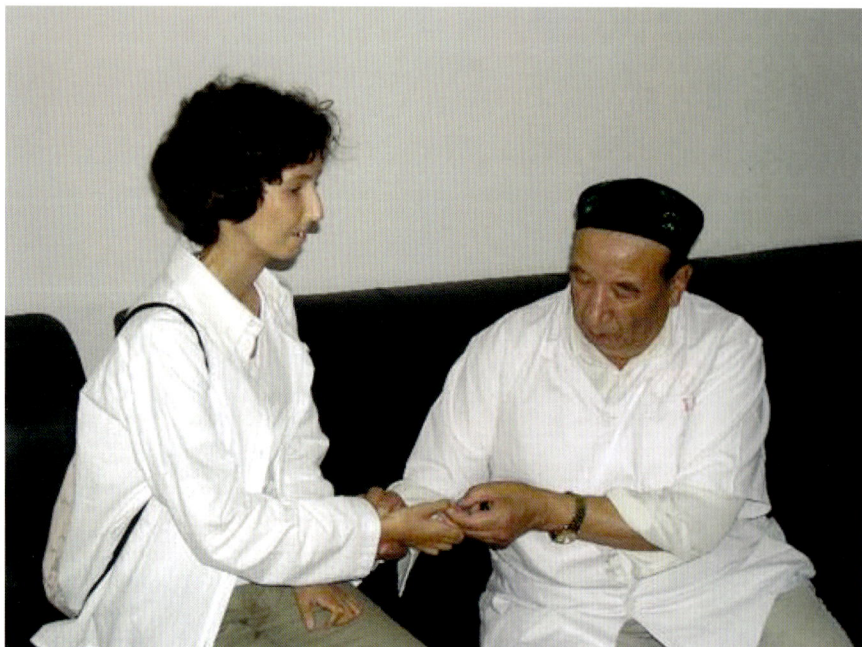

2009年，巴黑·玉素甫教授为英国籍硬皮病患者诊病

2010年，巴黑·玉素甫教授在夜读

2011 年，巴黑·玉素甫教授在基层义诊

1988 年，巴黑·玉素甫教授向专家讲解维吾尔医传统治疗方法

石仰山

作为石氏伤科第四代传人，他以研究室、工作室为基地，以科研、临床为两翼，开设六个专科专病特色门诊，申请课题十余项，形成了一系列较为完整的石氏伤科理法方药体系，并有效运用于临床，年门诊量达15万人次。

石仰山，男，1931年3月生，江苏无锡人，中共党员，石氏伤科第四代传人，上海市黄浦区中心医院主任医师、名誉院长。

在长期的临床工作中，石仰山先后主持完成多项课题研究，如"椎脉回春汤治疗椎动脉型颈椎病的临床研究"、"骨密1号骨密2号（脾肾同补）治疗原发性骨质疏松症的临床研究"、"'石氏伤膏'剂型改革及临床研究项目"、"急性软组织损伤早期反应与修复关系的临床与实验研究"，其中一项科研成果（石氏伤膏）1999年获得卫生部三类新药批文，二项课题获得上海市科学技术进步奖三等奖，三项课题获黄浦区科学技术进步奖一等奖。

1955年正式开业行医，任上海市中医药学会常务理事、上海市伤科学会主任委员，中国中医药研究院特约研究员，上海中医药大学首批兼职教授、研究生导师，上海中医药大学、上海中医药研究院专家委员会名誉委员，上海市名中医，享受国务院政府特殊津贴专家。1986年被卫生部授予"全国卫生文明先进工作者"，分别于1983年、1985年、1987年被上海市市政府授予"上海市劳动模范"。

在石仰山的率领下，石氏伤科以其研究室、工作室为基地，以科研、临床为两翼，不断地对石氏伤科历史渊源、学术理论、诊治特色、系列药品等进行研究与开发，并以石氏伤科外用药之精华三色敷药的开发为突破口，建立三个课题小组，开设六个专科专病特色门诊，申请课题十余项，同时特聘石氏其他代表性传承人施杞教授、石印玉教授等为顾问，开设专家门诊，成绩斐然。石仰山团队共有15人，拥有床位50张，年门诊量达15万人次。

石仰山具有深厚的中医理论功底，他强调伤科治疗内外并重，"十三科一理贯之"，以中医理论辨证施治的整体观指导伤科的临床实践，形成了一系列较为完整的石氏伤科理法方药体系，有效地运用于伤科临床实践。理论上，确立了石氏伤科"三十二字"治病思想，即"以气为主、以血为先、筋骨并重、内合肝肾、调治兼邪、独重痰湿、勘审虚实、施以补泻"。诊治上，突出骨折损伤内治三期治疗、伤筋三辨理筋六则治疗、内伤病变定位定性治疗、陈伤劳损辨证求因治疗等。用药上，擅长气血兼顾，注重兼邪，突出痰瘀，内外并重，脾肾同治，治病求本。内服配伍强调君臣佐使，尤以药对运用而屡建奇功，外用之剂配伍讲究辛窜走窍之品，注重剂型改革，疗效颇著，先后研制出石氏伤膏（现名复方紫荆消伤膏，国家三类外用新药）、椎脉回春合剂、石氏接骨片等一系列名方验方。手法上，石氏认为"手法是医者用双手诊断和治疗损伤的一种方法"，并将手法运用于伤科疾病的诊断，摸患处以了解伤情，诊断后以"稳而有劲、柔而灵活、细而正确"的手法要领施以治疗。石氏手法一般常以十二字诀为用，即拔、伸、捺、正、拽、搦、端、提、按、揉、摇、抖。

石仰山先后带教邱德华、李浩钢、林定坤、苏海涛、丘青中等全国各地多位学术继承人。2006年被中华中医药学会授予"中医药传承特别贡献奖"，2012年被中华非物质文化遗产保护中心授予"中华非物质文化遗产传承人薪传奖"。

石仰山先后编撰出版《中国百年百名中医临床家丛书·石筱山石仰山卷》、《中华名中医治病囊秘·石筱山石仰山卷》、《石仰山谈软组织损伤》等多本专著，发表《伤科的辨证论治》、《关于筋骨和肝肾关系的理论探讨》、《骨质增生》、《骨折论治》、《牛蒡子汤在伤科中的应用》、《石氏理伤手法谈》、《石氏消散膏治疗网球肘临床观察》、《论损伤血瘀》、《伤科用药举要》、《中医伤科对骨质增生的认识和治疗》等论文50余篇。

石仰山积极参政议政，曾担任上海市政协委员，多届黄浦区政协副主席，他积极献计献策，对促进本地区中医药事业的建设作出了杰出贡献；其"促进中医药发展的若干建议"及"关于解决卫生系统职工住房困难"等提案获得优秀提案奖。

石仰山教授幼时习武之姿（摄于1943年）

石仰山教授与父亲石筱山在南京栖山留影（摄于1963年）

石仰山教授在上海市政协会议上做报告（摄于1987年）

石仰山教授和弟子在一起（摄于2001年）

石仰山教授在其行医50周年纪念暨名中医工作室揭牌仪式上做演讲（摄于2004年）

在中医药防治骨退行性病变继承与创新研
讨会上，石仰山教授获得国家科技进步奖
二等奖（摄于 2012 年）

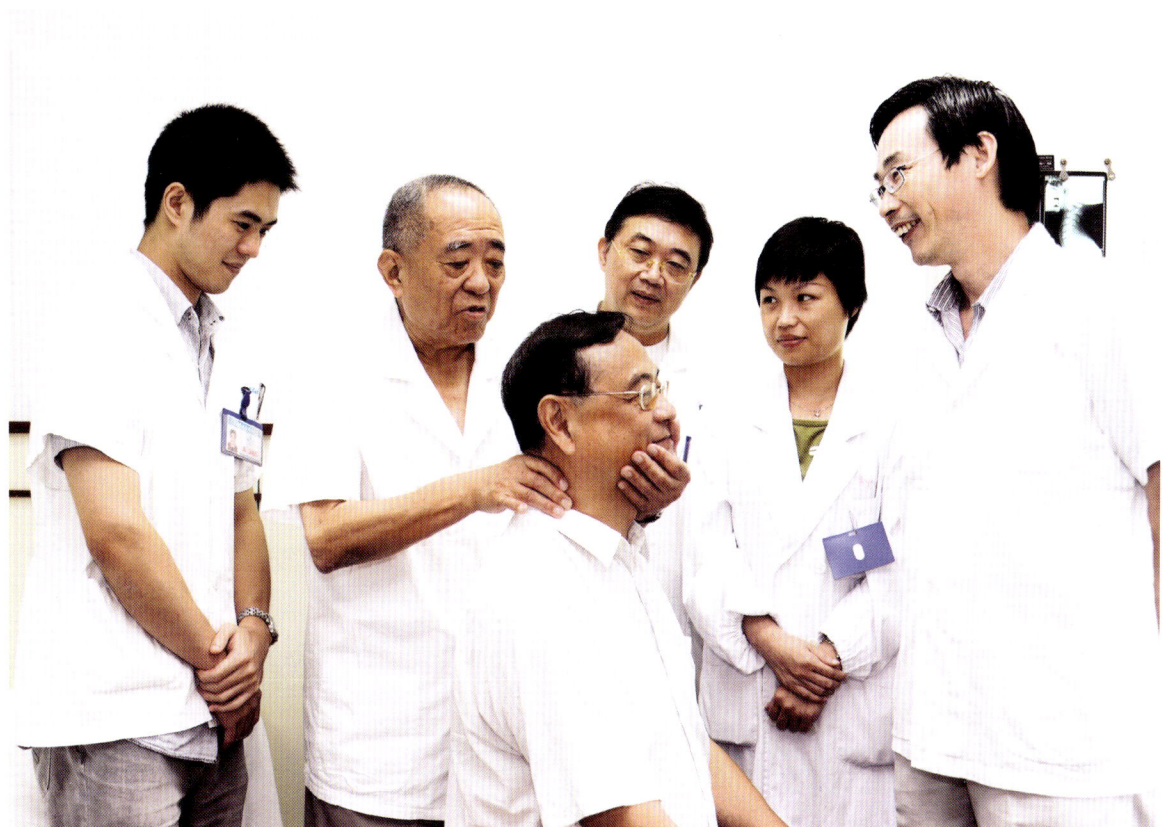

石仰山教授指导学生手法治疗颈椎病（摄于
2012 年）

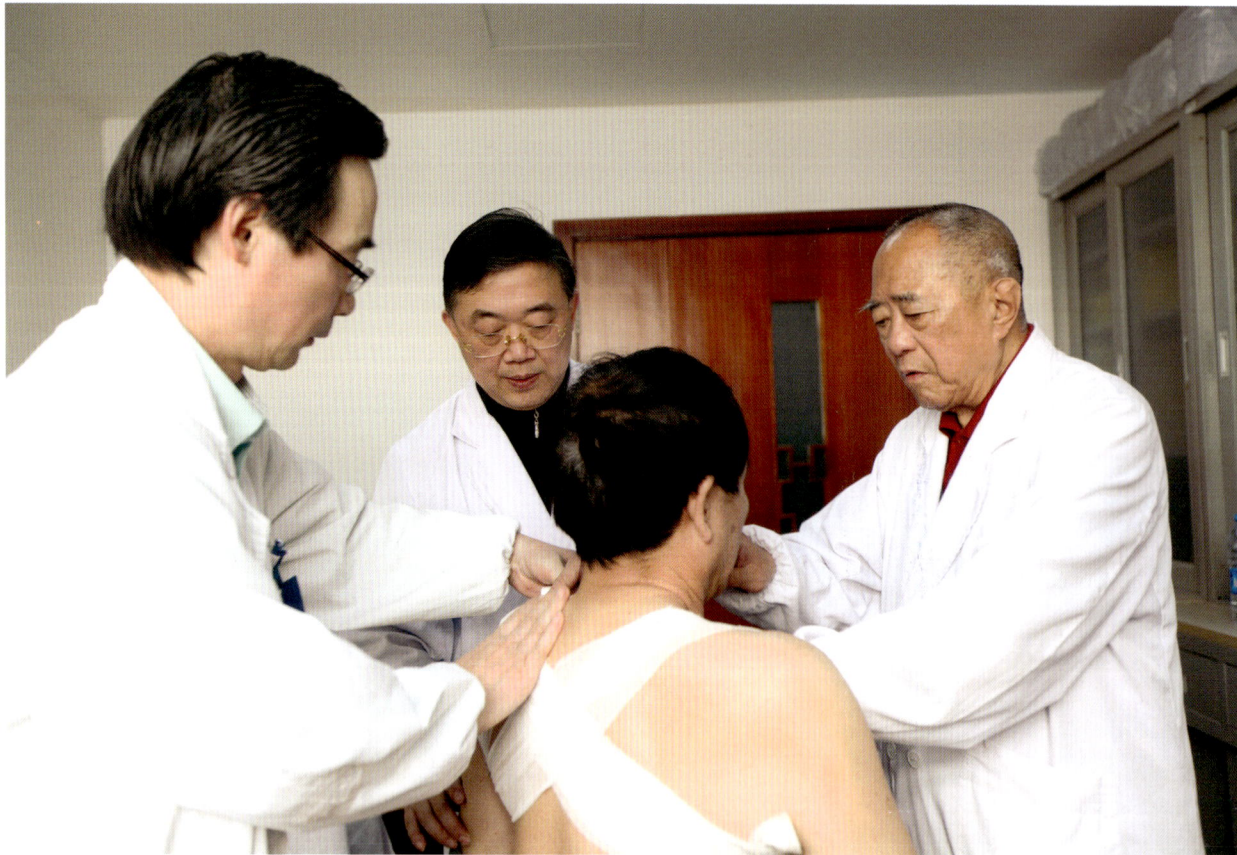

石仰山教授在为患者
敷药包扎

石仰山教授与弟子合影（摄于 2013 年）

石仰山教授默默阅卷，钻研医术（摄于 1972 年）

石仰山教授在"中华非物质文化遗产中医骨伤流派传承论坛"上做开幕演讲（摄于 2013 年）

石仰山、王和鸣、郭宪章、施杞等骨伤科名宿在一起（摄于 2013 年）

2012 年石仰山获得中国非物质文化遗产保护中心颁发的中医非物质文化遗产传承人"薪传奖"（摄于 2012 年）

石学敏

他创立的"醒脑开窍"针刺法治疗中风病取得显著疗效，相关研究获国家科技进步三等奖。创建的针灸科床位600张，日均门诊量2000余人次，治疗病种100余种。在全国建48个临床分中心，培养师承人员30余人、博士研究生100多名。

石学敏，男，1938年6月生，天津人，中共党员，本科学历，天津中医药大学第一附属医院主任医师、教授、博士生导师，中国工程院院士。

1962年毕业于天津中医学院，1965年毕业于卫生部针灸高级培训班。国家有突出贡献专家，享受国务院特殊津贴专家，第二、三、四、五批全国老中医药专家学术经验继承工作指导老师。1986年被卫生部授予全国卫生文明先进工作者，1993年被教育部评为全国优秀教师，1999年被天津市科委授予天津市荣誉授衔专家，2000年被香港何梁何利基金会授予科学与技术进步奖，2001年被香港求是科技基金会授予杰出科技成就奖，2006年被中华中医药学会授予首届中医药传承特别贡献奖，2008年被世界中医药学会联合会授予王定一杯中医药国际贡献奖，2008年被天津市卫生局评为首批"天津市名中医"。

他创立的"醒脑开窍"针刺法治疗中风病取得显著疗效，该针法还用于脑外伤、多发性硬化、帕金森病、周围神经疾病、抑郁症、焦虑症、疼痛病证以及各种疑难杂症。醒脑开窍针刺法治疗中风病的研究于1995年获得国家科技进步三等奖，1998年获天津市科技兴市突出贡献奖，并被国家中医药管理局确立为十大科技成果推广项目，2009年获天津市科技进步一等奖。2013年被列入"财政部、科技部科技惠民计划推广成果库"。此针法被写入《针灸学》、《针灸治疗学》等多部国家统编教材。

他率先提出针刺手法量学理论，使传统针刺手法向规范化、剂量化、标准化发展；他提出治疗中风病的"石氏中风单元疗法"，开发研制了丹芪偏瘫胶囊（国药准字 Z20010105）治疗中风病，提高了临床疗效。他创立的"通关利窍"针法治疗吞咽障碍，"活血散风、调和肝脾"治疗高血压，"调神益智"治疗血管性痴呆，"经筋刺法"治疗周围性面瘫等特色针法，为患者解除了痛苦，在针刺治疗中风病、高血压病、针灸标准化研究等方面形成了稳定的研究方向。他辨证辨病相结合，将"音痹"、"面瘫"、"痴呆"、"郁证"、"胸痹"、"心悸"、"哮喘"等数十个中医病证进行整理，根据疾病的基本病机，制定出规范性治疗方法，为临床常见病、疑难病的针灸治疗归纳了规范化、科学化、程序化的中医针灸治疗方案。他对《内经》中十二经病候、脑神理论、经筋理论、气海理论、刺络疗法赋予新意，指导临床卓有成效。

他主编中医针灸著作 40 余部，发表论文 300 余篇，其中 SCI 收录 8 篇；主持省部级及国家级课题 30 项，科研经费 2460.8 万元。获省部级以上科研奖励 33 项，其中国家科技进步三等奖 1 项，省部级一等奖 2 项，二等奖 18 项，三等奖 9 项，教学奖 2 项。

他创建的针灸科目前拥有 28 间门诊治疗室，开放床位 600 张，日均门诊量 2000 余人次，病床使用率 100%。临床治疗常见病种达 100 余种，是国家中医临床研究基地，教育部、国家中医药管理局、天津市教委的重点学科，国家临床重点专科。被国家中医药管理局确定为"全国针灸临床研究中心"、"全国针灸专科医疗中心"。并在全国建立了 48 个针灸临床分中心，培养院内院外师承人员 30 余人，培养博士研究生 100 多名，其"开辟教学新途径，培养针灸新人才"项目获得 1993 年国家教育委员会一等奖，1997 年天津市教学成果一等奖。2011 年荣获天津市教育委员会"第六届天津市高等学校教学名师奖"。培养的"针刺治疗脑病"学术团队获得 2011 年教育部"长江学者与创新团队发展计划"创新团队称号。

他连续三届当选天津市政协常委，兼任中国针灸学会副会长、天津市针灸学会会长以及其他国内外学术团体职务，针对中医药事业发展中的重大问题向有关部门提出的建设性意见和建议被采纳。

他致力于国内外针灸学术交流、技术推广，先后赴世界 100 余个国家及地区讲学与诊疗，并就针灸临床与机理研究，开展与美国、德国、法国、日本、新加坡等国的国际合作，为中医针灸走向世界作出了巨大贡献。

石学敏教授在学习

石学敏教授与家人在一起

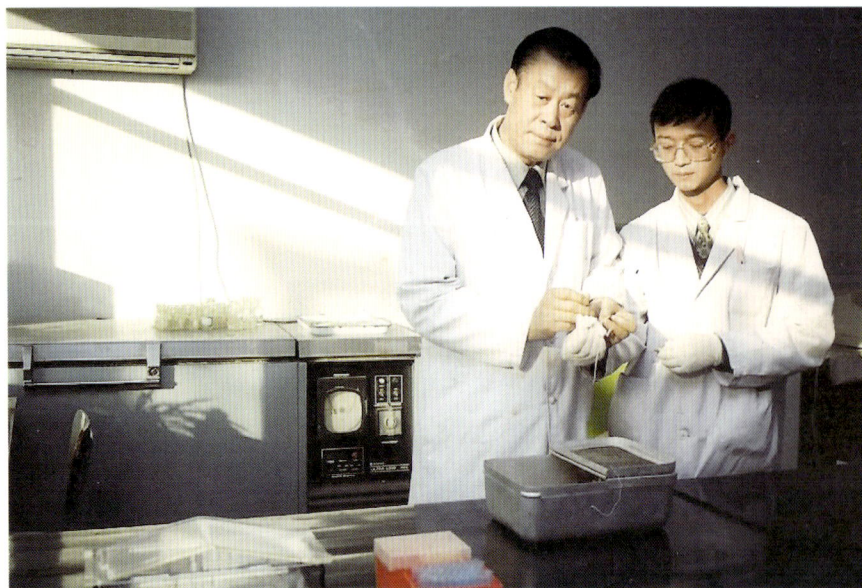

石学敏教授在指导学生做实验

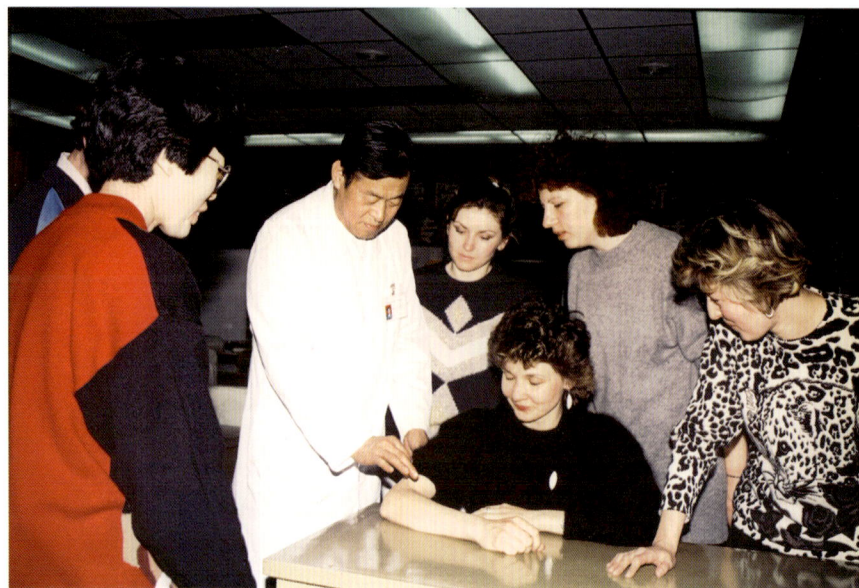

石学敏教授在为外国学生示范针灸手法

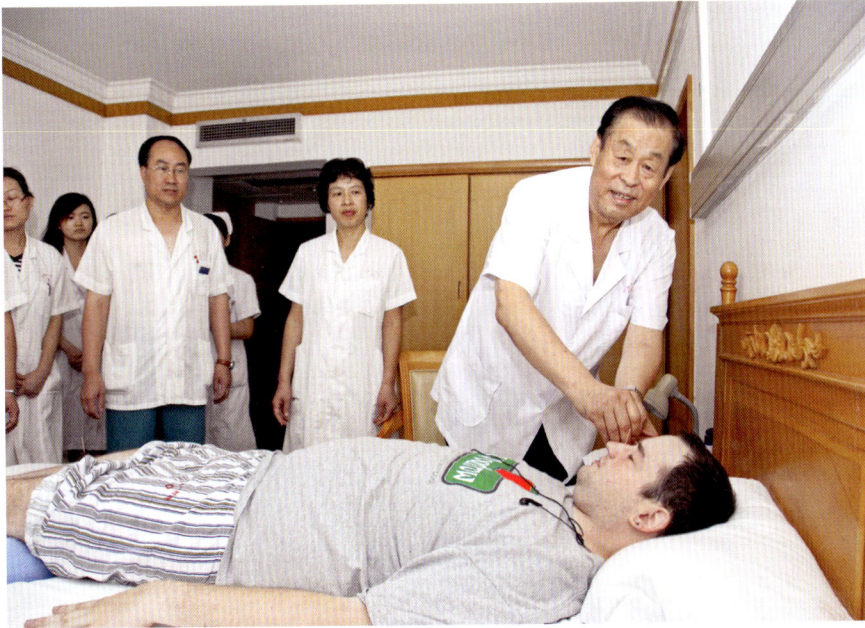

石学敏教授在为美国患者施治

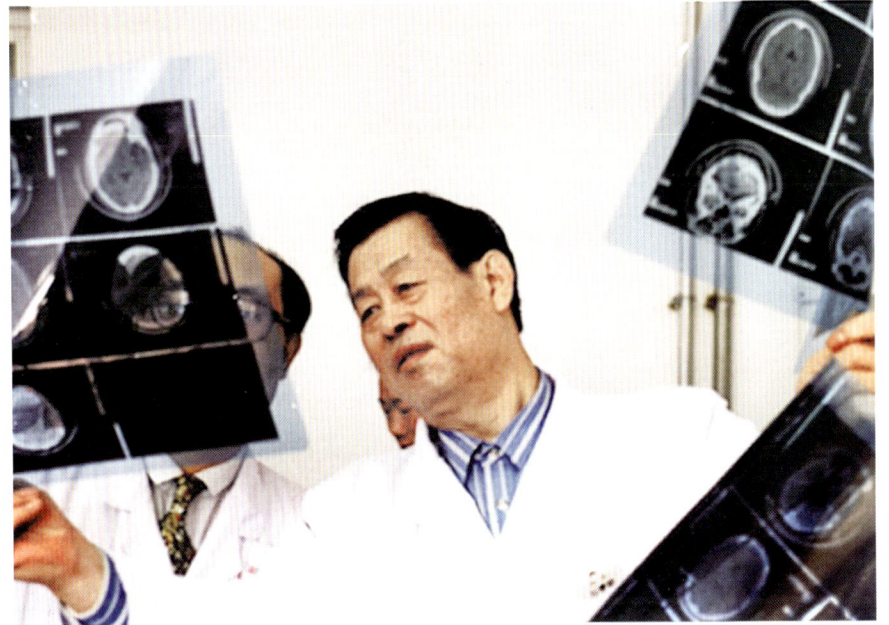

石学敏教授在工作中

2008 年石学敏教授荣获王定一杯中医药国际贡献奖

石学敏教授在法国讲学时留影

天津中医药大学张伯礼院士、书记张金钟教授为石学敏教授贺寿

石学敏教授和学生在一起

1999 年石学敏教授当选中国工程院院士

石学敏教授的部分学术著作

占堆

他根据藏医理论提出"小儿过敏性紫癜"诊断与治疗方法，并制成治疗该病的首选藏药；专注藏医药文献整理、藏药新药开发，编著《中华本草·藏药卷》等专著；主持国家中医药管理局、国家"十五"攻关项目等重大项目。

占堆，男，藏族，1946年5月生，西藏日喀则人（藏医世家），中共党员，大专学历，西藏自治区藏医院主任医师，西藏藏医学院博士生导师，1996年3月～2014年1月任藏医院院长，现任藏医院名誉院长。

1954年开始跟随父亲、叔叔学习基础课程及藏医理论，1958年进入门孜康藏医药专业学习，1960年留院从事医疗工作。他是中国民族医药学会副会长，享受国务院政府特殊津贴。1983年，被授予"少数民族地区长期从事科技工作"荣誉；1985年，荣获西藏自治区人民政府授予的"和平解放西藏、建设西藏、巩固边防突出贡献"奖；2010年，被评为首批西藏"名藏医"。

▶ 科研课题成果显著

先后参与了国家级和省级科研课题工作，开展藏医药文献整理研究、藏药新药开发研究、疑难病症的临床研究、藏医外治疗法继承与发展研究等。多年来，他以藏医药文献整理研究、藏药新药开发与疑难病症的临床治疗研究为主要工作方向，开展了大量的藏医药医疗、科研与教学工作。

主要成果有：编著出版《中华本草·藏药卷》（2002年，上海科学技术出版社），获2004年中华中医药学会科技学术著作二等奖；编著出版《藏医成方制剂现代研究与临床应用》（2009年，四川科学技术出版社）；主持研究藏医成方制剂现代研究与临床应用，获2013年西藏自治区科技学术一等奖；代表性论文有《藏药治疗小儿过敏性紫癜临床研究》《藏西医结合治疗小儿过敏性紫癜的临床疗效观察》等。

截止到目前，主持开展了国家中医药管理局项目"十个保护品种的临床前研究和临床资料整理"、"七味铁屑丸治疗肝硬化临床研究",国家"十五"攻关项目"藏皮康新药开发研究"和自治区级项目"七十味珍珠丸临床研究"等重大项目的申报与实施工作。

▶ 临床理论独到见解

对过敏性紫癜治疗有独到见解和诊疗方法。根据藏医理论培根木布综合征的诊断依据、治疗原理和多年的临床经验,对小儿过敏性紫癜的病因病机、藏药治疗、单方验方、组方等方面有独到见解;对小儿过敏性紫癜的诊断与治疗有明显的藏医特色。通过 40 例的临床研究筛选出疗效确切的治疗药物"过敏性紫癜组方药",为进一步提高临床疗效积累了经验;专门研制的藏药 I 号、Ⅱ 号目前已成为治疗该病的首选药和专病药物,也是西藏自治区藏医院儿科专药之一。

▶ 社会兼职不忘本行

1999 年以来,他一直是西藏藏医学院硕士研究生导师;2005 年起,任北京中医药大学与西藏藏医学院联合培养藏医专业博士研究生导师,培养了藏医学院研究生部主任次仁等 5 名博士研究生、3 名硕士研究生,填补了当时西藏没有藏医博士的历史空白。而今,他们已成为医院和教学部门的学科带头人。

他还是西藏自治区第六、七、八届人大代表、常委、教科文卫委员;中国科协七大代表;西藏自治区科协第三、四届副主席;中国民族医药学会副会长;西藏自治区藏医药学会会长;西藏自治区藏医药产业发展协会会长、西藏科技工作专家咨询组成员、西藏藏药专家委员会专家、西藏非物质文化遗产保护工作领导小组专家委员会专家。

多年来,占堆充分利用作为藏医界人大代表的有利时机,为藏医药发展献计献策。在西藏自治区六、七、八届人大会议上两次提出尽快出台《西藏自治区发展藏医条例》的议案,并已列入自治区地方立法规划;2007 年提议"请求政府投资解决自治区藏医院改扩建项目经费",自治区人民政府高度重视,列为西藏自治区重点项目予以支持;为出台《西藏自治区人民政府关于进一步扶持和促进藏医药事业发展的意见》和藏医药事业发展作出了积极的贡献。

占堆教授参加"西藏藏医药学会第六次代表大会"时留影（摄于 2011 年）

占堆在拉萨门孜康学习时留影
（摄于19世纪60年代）

1989年，占堆教授陪
同西藏自治区党委书
记胡锦涛视察医院

占堆教授向美国代表团介绍藏医药在党和国家的关心支持下取得的新成就、新发展（摄于 2000 年）

占堆教授指导学生炮制藏药（摄于 2000 年）

占堆教授带队为拉萨孤儿院投服防非典药物（摄于 2003 年）

占堆教授（前排右四）参加博士、硕士毕业合影（摄于 2005 年）

占堆教授陪同卫生部部长陈竺、西藏自治区人民政府白玛赤林主席视察藏医院工作（摄于 2012 年）

占堆教授迎接澳大利亚驻华大使视察藏医院工作（摄于 2013 年）

占堆教授向卫生厅普布卓玛厅长汇报藏药种植基地情况（摄于 2013 年）

阮士怡

他提出了"心-脾-肾三脏一体"防治心血管病及老年内科病的学术思想，采用益气养阴法治疗冠心病，创造性地提出"益肾健脾、软坚散结"法保护血管，干预动脉粥样硬化进程的策略。他培养了中国工程院院士张伯礼等人才，研制了通脉养心丸、粘脂饮、新生脉散片等新药。

阮士怡，男，1917年2月生，河北省丰南县人，中共党员，硕士研究生学历，天津中医药大学第一附属医院主任医师、教授、硕士研究生导师。

1946年6月北京大学医学院毕业，第五批全国老中医药专家学术经验继承工作指导老师，国家中医药管理局第一批中医药传承博士后合作导师，享受国务院政府特殊津贴专家。2012年被天津市卫生局评为天津市名中医。

▶ 临床工作

他1946年6月参加工作，从医68年，致力于中医心血管病、老年病领域的临床诊疗。他医德高尚，医术精湛，经他诊治的患者以数十万计。现年96岁，仍然工作在临床一线，思路清晰，临诊不辍。

他崇尚"医乃仁术、德者居之"的信念，秉承了先师陆观虎、赵寄凡两位先生用药轻灵，遵守经方的特点，所开处方从无大方大剂，选药精当，价格低廉，处处为患者着想，对于困难患者不收诊费，还给予资助，受到患者的尊敬与爱戴。

▶ 学术造诣

他学贯中西，总结多年的临床经验，提出了"心-脾-肾三脏一体"防治心血管疾病及老年内科疾病的学术思想，采用益气养阴法治疗冠心病，创造性地提出"益肾健脾、软坚散结"法保护血管，干预动脉粥样硬化进程的策略。推动了天津中医、中西医结合心血管与老年病学科的建立。出版专著《阮士怡教授学术思想研究》。

▶ 传承育人

他始终奉行"将毕生所知所学授予好学求知之才"的理念，传道授业，诲人不倦；他倡导学术自由及鼓励技术创新，采用"学术放任、鼓励实践"的教学方式，为中医、中西医结合事业培养了众多人才，中国工程院院士、天津中医药大学校长、中国中医科学院院长张伯礼教授，北京大学王学美教授，天津中医药大学第一附属医院副院长张军平教授，保康医院院长郭利平教授，美国西奈山医学院附属泽西医学中心祝炳华教授，美国荷思瑞健康顾问机构医学总监韩煜教授均是他的高足。

▶ 科研创新

他带领研究团队，通过临床与基础研究表明："益气养阴"法方药可有效缓解冠心病心绞痛，清除自由基，拮抗炎症反应，对缺氧损伤的心肌细胞具有明显的保护作用。在董晓初老中医基于益气养阴法制定的医院制剂"651"丸的基础上，加以改进，研发了现代中药——通脉养心丸，上市已达30余年；从血脂水平、病理形态、炎症反应及氧化应激方面探讨了"益肾健脾、软坚散结"法方药保护血管，延缓动脉粥样硬化进程的机理，研制了补肾抗衰片、降脂软脉灵 I ～IV号、粘脂饮等治疗老年病的系列方药；采用"软坚涤痰强心"法治疗慢性心衰，研制了新生脉散片，其对症状和体征的改善作用优于地高辛，临床总有效率达96.9%，相关心衰治疗方法被《全国中医药防治慢性心力衰竭指南》采纳。

70年来，他发表学术专著5部，学术论文34篇，科普文章65篇；先后获得省部级科学进步二等奖3次、三等奖5次，市卫生局医学科技进步一等奖3次；研制中药制剂8种、上市品种1种。

▶ 社会参与

1955年他奉调至天津市市立中医医院（现天津中医药大学第一附属医院前身）协助建院工作，在他的带领下，天津中医药大学第一附属医院现今已发展壮大为天津市规模最大的中医医疗机构。他还主持筹建了天津市中医研究所。

如今，他虽已过鲐背之年，仍笔耕不辍，临床之余致力于普及中医药防治知识。先后在《老年时报》、《开卷有益》、《求医问药》、《家庭中医药》等报纸和杂志发表科普文章65篇。

阮士怡教授在学习

阮士怡教授在书房

阮士怡教授在阅改文章

阮士怡教授在研读老年医学著作

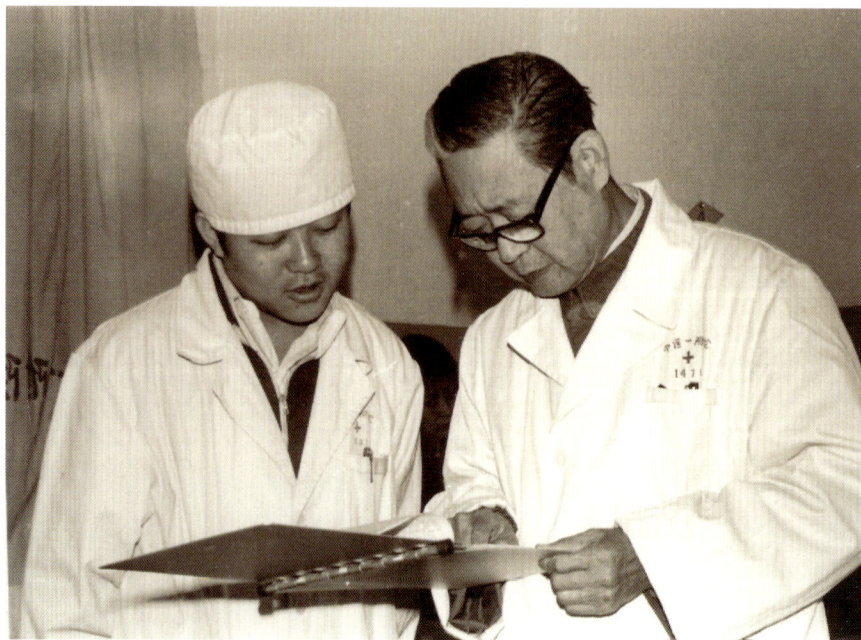

阮士怡教授在查房

阮士怡教授带领的研究团队

阮士怡教授 90 大寿

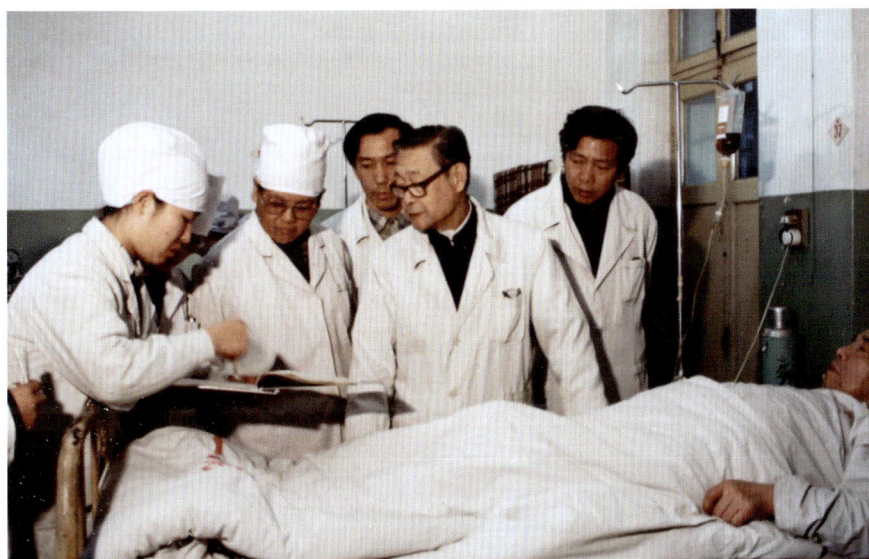

阮士怡教授带领研究团队在病房查房

阮士怡教授和其学生在一起

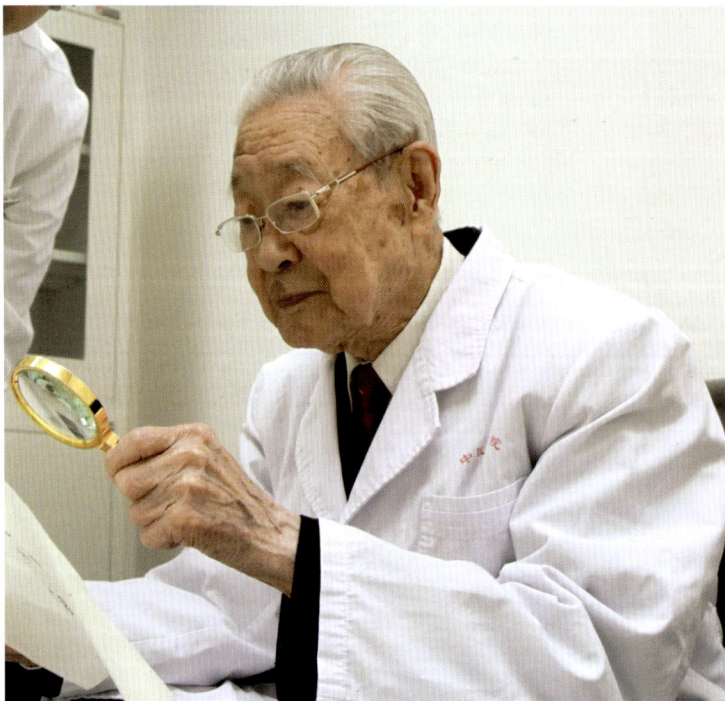

阮士怡教授在仔细审阅研究报告

耄耋之年，旨在中医

阮士怡教授95岁寿辰庆典

阮士怡教授出席学术研讨会

阮士怡教授为医院医生授课时留影

阮士怡教授和家人在一起

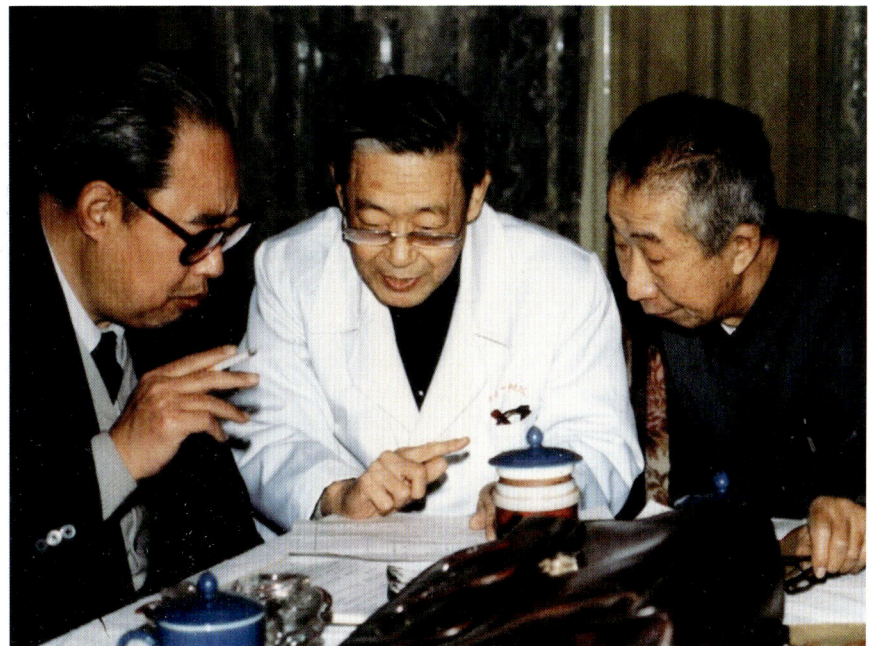

阮士怡教授与医学专家探讨学术问题

孙光荣

他坚持"大医精诚"，提出中医临床核心理念，创造经方化裁应用模式，形成孙光荣系列经验方。其"安神定志汤"提供给"神十"航天员服用。他研究、创立中医药现代远程教育的模式、课件研制大纲。

孙光荣，男，1941年11月生，湖南浏阳人，无党派人士，师承出身。主任医师、教授、研究员。曾任湖南省中医药研究院文献信息研究所所长，政协湖南省委员会常委。2000年退休后，受聘为北京中医药大学远程教育学院副院长。

他幼承庭训，继拜名师，1958年至今执业中医临床55年，在临床同期从事中医药文献研究及中医药文化研究32年、研究生教育16年、远程教育13年、全国优秀中医临床人才培训9年。现为国家中医药管理局中医药文化建设与科学普及专家委员会委员、继教委员会委员；中华中医药学会常务理事、文化分会学术顾问、继教分会第一任主任委员；全国优秀中医临床人才研修项目培训班班主任；全国第五批、北京市第四批老中医药专家学术经验继承工作指导老师，全国名老中医药专家孙光荣传承工作室建设专家，北京中医药大学共建中西医结合三级医院和平里医院名老中医工作室建设专家，北京同仁堂中医大师工作室顾问。享受国务院政府特殊津贴专家。

出版著作23部、发表论文158篇。排名第一或为执笔人荣获的主要奖项有：国家中医药管理局中医药科技进步奖二等奖1项，中华中医药学会科技进步奖二等奖1项，全国优秀图书奖二等奖1项，省级科技进步奖一等奖1项，全国首届中医药科普著作奖一等奖1项等。主编的《中华经典养生名言录》为国家新闻出版署等部委推荐的十五本科普著作之一；主持并完成科技部"十五"科技攻关项目成果之一《当代名老中医典型医案集》、全国名老中医学术经验数据库。

▶ 临床方面：注重德业双修，践行"大医精诚"

1. 长期坚持门诊，疗效确切　①坚持"大医精诚"服务理念，廉洁行医，树立中医良好形象。在"三线建设兵团"获得团部

"人民的好医生"称号。②擅长治疗脾胃病、血液病、情志病、肿瘤等疑难杂症，疗效确切，且多次为中央、地方、部队首长做医疗保健服务，受到患者广泛好评。

2. 学术经验与临证特点　①临床基本原则：慈悲为本，仁爱为先，一视同仁。②临床学术观点：护正防邪，存正抑邪，扶正祛邪。③临床思辨特点：调气血、平升降、衡出入。④主讲临床经验 231 学时。

3. 中医临床创新点及主要贡献　①提出中医临床核心理念。②创造经方化裁应用模式，形成孙光荣系列经验方。其中，"安神定志汤"已应征提供给"神十"航天员，纳入"伴飞神十，圆梦天宫"项目，获得荣誉证书。

▶ 科研方面：坚持潜心学术研究，贡献继承创新成果

创新点及主要贡献：①总结了中医古籍整理研究"六法"。②提出中医药文献研究的"四有"原则和"四强"作用。③最先总结了中医临床的五大特色、六大优势。④提出中医药文化的核心理念：以人为本、效法自然、和谐平衡、济世活人。⑤在海内外主讲中医药文化及养生专题 89 场。

▶ 教育方面：开创中医现代远程教育，致力培养优秀临床人才

创新点及主要贡献：①工作室吸收弟子 56 人，注重从医德修养、四诊合参、思辨特点、组方用药思路方法四个方面进行传授，针对各自主攻病种，为学术继承人传授了经验方。②研究、创立中医药现代远程教育的模式、课件研制大纲，已应用于中医药现代远程高等教育和继续教育。③承担、完成了具体负责的第一、二、三批全国优秀中医临床人才近 1000 名主任医师的培训工作。

▶ 建言献策：竭诚尽力建言献策，促进中医药事业发展

创新点及主要贡献：①自 1981 年起参与国家及部分省市中医药事业发展规划等调研、起草、论证工作。② 2005 年、2013 年向国务院主管领导致函或面呈关于凸显中医药特色优势、支持中医药事业发展、将中医药事业发展纳入国家战略的建议，获得领导重要批示。③ 2013 年向台湾方面提出中医药交流合作建议方案，获得海峡两岸有关领导的大力支持，并已开始付诸实施。

2012 年，孙光荣教授访问东南亚时留影

孙光荣教授受中华中医药学会委托撰并书的《药王德业碑》

孙光荣教授青年时期与
恩师易中林先生合影

孙光荣教授青年时期跟随李聪甫先生学习情景

1980年4月孙光荣教授陪同其母在杭州虎跑泉

孙光荣少年时与其父孙佛生老中医合影

2013 年 1 月"全国老中医药专家孙光荣传承工作室"拜师会

2012 年 7 月 18 日孙光荣教授在北京中医药大学与北京市和平里医院共建三级中西医结合医院签约仪式上做"中医临床四大核心理念"的专题讲座

2013 年 6 月 17 日,中共中央政治局委员、国务院副总理刘延东在调研北京方庄社区卫生服务中心时与孙光荣教授等医务工作者留影

孙光荣教授在挥毫泼墨

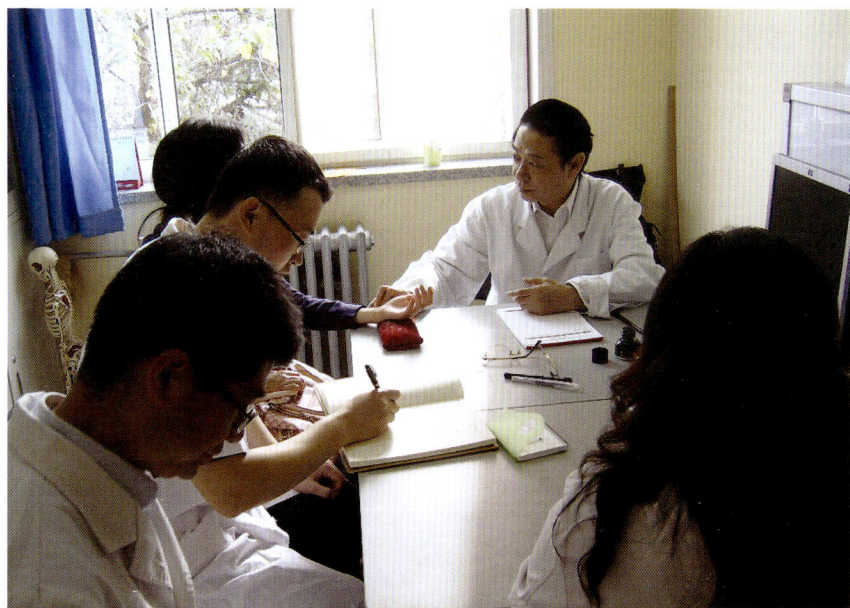

孙光荣教授在门诊为患者诊治疾病

2008 年 10 月，孙光荣教授参加《当代名老中医典型医案集》统审稿专家会

2007 年 1 月 11 日，中共中央政治局委员、国务院副总理吴仪在全国中医药工作大会上接见孙光荣教授

孙光荣教授与患者在一起

北京中医药大学远程教育学院创建 5 周年全体教职人员合影

2013 年，孙光荣教授偕夫人游览南京天文台

2012 年孙光荣教授与第五批学术继承人合影

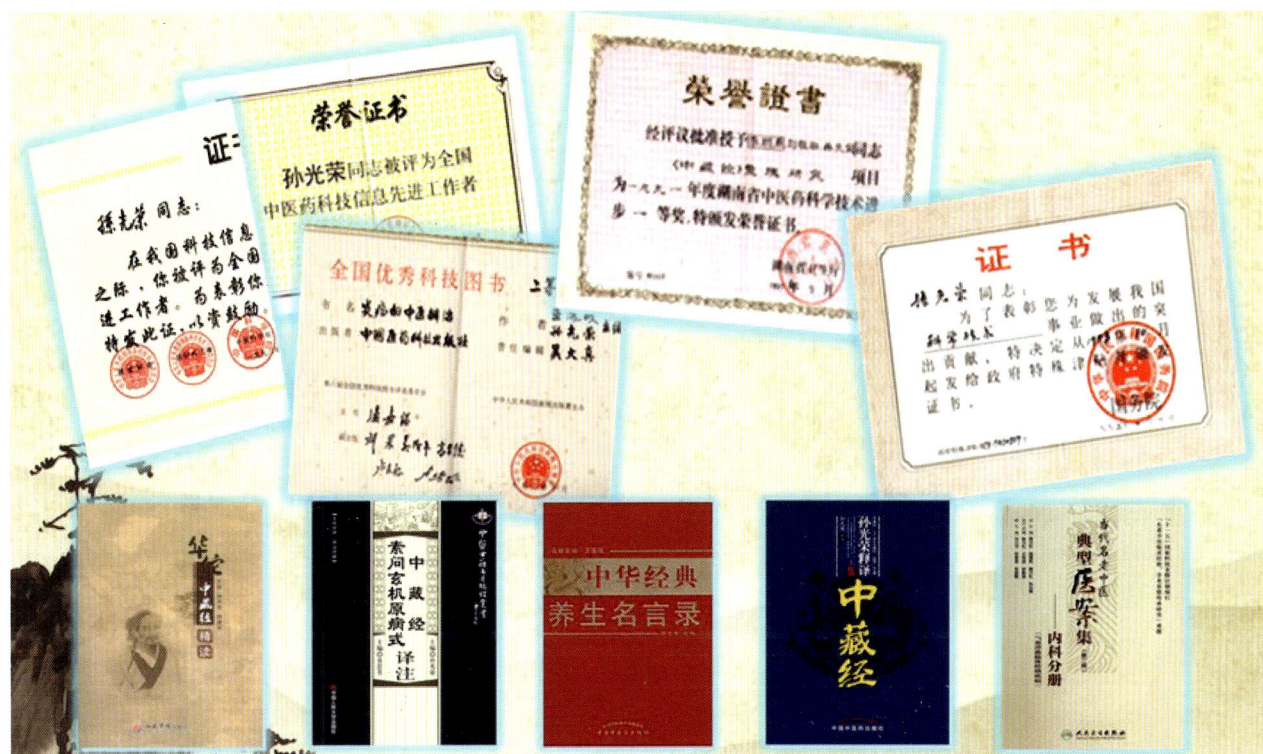

部分著作及获奖证书

刘志明

他从事中医临床工作70余年，擅长内科，善用经方，形成了独特的学术思想；他对内伤杂病及外感热病穷源究委，敢于创新，疗效卓著；他一生兢兢业业，为中医药的继承和发扬作出了卓越贡献。

刘志明，男，1927年10月生，湖南湘潭人，首届首都国医名师，首批全国老中医药专家学术经验继承指导老师，全国首批博士研究生导师、博士后指导老师，首批中医药传承博士后导师，首批享受国务院特殊津贴的中医药专家，中央保健专家。现为中国中医科学院广安门医院主任医师。

2005年获中国中医科学院建院50周年"突出贡献奖"；2006年获中华中医药学会颁发的"全国首届中医药传承特别贡献奖"；2008年获中国中医科学院广安门医院"年度特殊医疗服务奖"；2008年被北京市卫生局、中医管理局评为"首都国医名师"；2009年被中共中国中医科学院委员会评为"抗震救灾先进个人"；2010年获北京中医药学会颁发的"同仁堂杯"中医药工作60年特殊贡献奖；2011年刘志明名老中医工作室被北京市中医管理局授予"北京中医药薪火传承贡献奖"。任中国中医科学院学术委员会、学位委员会委员，中国中医科学院广安门医院学术委员会副主任委员，北京中医药大学、中国中医科学院研究生院客座教授，曾任多届中华中医药学会副会长，曾连任中国人民政治协商会议第六、七、八届全国委员会委员。

他从事中医临床工作70余年，自幼师承名师杨香谷，1940年开始一直在中医临床第一线工作，1954年响应党和国家号召，赴京参加中医研究院建院筹备工作，是中国中医科学院第一批医疗科研人员。

他精研医经，博览群书，学识丰富，谦虚谨慎，医术精湛，医德高尚，严于律己，始终以患者为中心，全心全意为患者服务；他生性高远，淡泊名利，疗效显著，医德医术在群众中有口皆碑；他兢兢业业，为中医药的继承和发扬作出了卓越贡献，深受行业内外人士敬重，影响深远。

　　他学宗岐黄，崇尚仲景，博采众长，集历代名家之大成，师古而不泥古；他擅长内科，善用经方，熔古今名方于一炉，灵活变通，形成了独特的学术思想；他治病重视先天，强调补肾，同时注意调理后天脾胃，以资化源；他对心脑肾系疾病、发热病、湿热病、老年顽疾等内伤杂病及外感热病穷源究委，敢于创新，另辟蹊径，疗效卓著。

　　他始终心系中医药事业发展，几十年如一日，积极参与各项中医药发展项目。20 世纪五六十年代面对传染病流行，他不顾个人安危，深入一线，领导和推广中医防治乙型脑炎、病毒性肺炎、血吸虫病等。20 世纪 70 年代，他响应党和政府的号召，深入山西农村，为当地百姓解除疾苦。20 世纪 80 年代，他多次应邀去日本、墨西哥进行学术交流并开展学术讲座；每当重大流行性疾病或自然灾害严重危害人民健康时，他都积极向国家献方献策并捐款。2007 年在中国中医科学院举办的"中医药发展论坛"上，他呼吁发展中医药；2007 年 9 月，作为全国首批传承博士后指导老师，他参加"中国中医科学院启动著名中医药专家学术经验传承博士后研究工作"启动仪式；2008 年以来，北京市"3+3 薪火传承"及国家中医药管理局"刘志明名中医研究室"、"名医名家传承工作室"相继正式启动，他亲临现场指导学术传承工作，呕心沥血。现在他虽然年事已高，但仍然十分关心中医学发展大计。

　　他一生躬身临床，获得多项奖励和荣誉。1955 ～ 1956 年推广中医治疗乙型脑炎及中医防治血吸虫病，获卫生部嘉奖；1957 年与北京儿科研究所协作治疗小儿病毒性肺炎，获北京市政府高度评价。

　　他带领首批学术继承人刘如秀主任医师的科研团队，对他的临床经验及学术思想进行传承应用研究方法，先后获国家级及省部级各项课题 14 项，发明专利 3 项，成果转让 1 项，获科学技术奖 3 项，在国内外期刊发表学术论文 80 余篇，其中 SCI 收录 3 篇（影响因子最高达 3.753）；出版学术专著数部，培养研究生 30 余名，培养师承徒弟 10 余名，培养硕士、博士研究生 20 余名，博士后及传承博士后共 3 名。

2013 年 10 月，刘志明在家中书房

2013 年 10 月，刘志明与传承工作室成员合影

2013 年 10 月，家庭合影

2009 年 12 月，师生合影

2013 年 10 月，家庭合影

2010 年 4 月，师生合影

刘志明教授曾连任中国人民政治协商会议第
六、七、八届全国委员会委员，并代表发言

20世纪80年代，刘志明教授应邀赴墨西哥进行学术交流

20世纪90年代，刘志明教授应邀赴日本讲学

1994年10月，刘志明教授在首批学术继承人出师答辩会上

2005年11月，中国中医科学院建院50周年庆典上，刘志明教授荣获中国中医研究院建院50周年"突出贡献奖"，吴仪副总理为刘志明颁奖

2006年01月，国家中医药管理局局长佘靖探望刘志明教授

2007年07月，应邀参加中国中医科学院广安门医院启动的中医"治未病"工程，王国强副部长亲切接见刘志明教授

2007 年 6 月，刘志明教授应邀参加中国中医科学院举办的"中国中医科学院 2007 中医药发展论坛"，并代表发言

2008 年 4 月，刘志明教授应邀参加中国中医科学院启动第一批著名中医药专家学术经验传承博士后工作暨广安门医院名中医研究室启动仪式

2009 年 01 月，中国中医科学院广安门医院领导春节拜望慰问刘志明教授

2010 年 06 月，刘志明教授与学术继承人进行学术经验传承交流

刘志明教授书柜一角

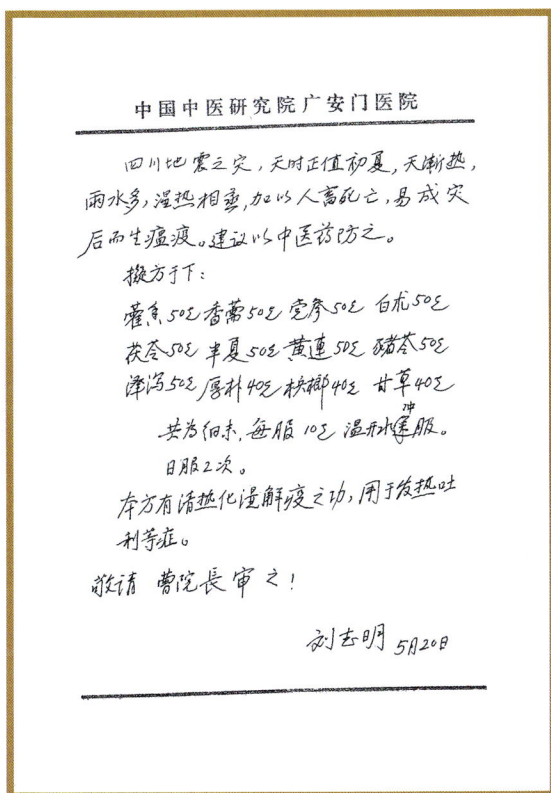

中国中医研究院广安门医院

　　四川地震之灾，天时正值初夏，天渐热，雨水多，湿热相蒸，加以人畜死亡，易成灾后而生瘟疫。建议以中医药防之。

　　拟方于下：

　　藿香50g 香薷50g 党参50g 白术50g 茯苓50g 半夏50g 黄连50g 猪苓50g 泽泻50g 厚朴40g 槟榔40g 甘草40g

　　共为细末，每服10g 温开水送服。

　　日服2次。

　　本方有清热化湿解疫之功，用于发热吐利等症。

　　敬请 曹院长审之！

　　　　　　　　　　　　　刘志明 5月20日

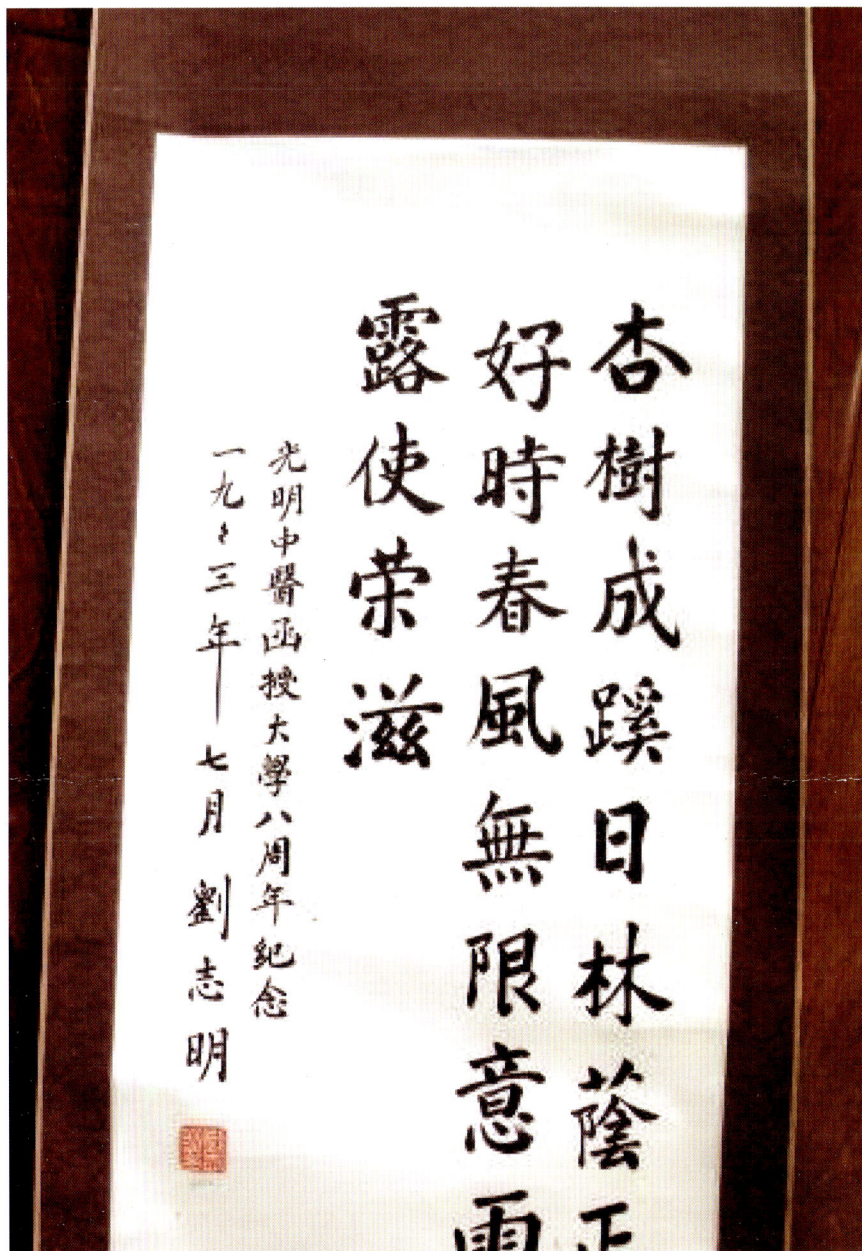

刘志明教授书法

杏树成蹊日林荫正
好时春风无限意雨
露使荣滋

光明中医函授大学八周年纪念
一九七三年七月 刘志明

2008 年 05 月 20 日，刘志明为四川省汶川县"5.12"特大地震灾区人民捐款，并献方

刘尚义

他擅经方活用治疗疑难杂症。对肿瘤治疗创新性总结出手术后未放化疗者、手术放化疗后和无法手术及放化疗者宜采用不同的治法。他善用药线治疗疮科疾病，临床屡获奇效。他承各家所长，国学国医兼修。对儒学、易学、书法、国画颇有研究，并为贵州乃至周边地区中医事业作出巨大贡献。

刘尚义，男，1942年12月生，贵州大方人，中共党员，本科学历，贵阳中医学院主任医师、教授、博士研究生导师，贵州省委保健办资深专家。

1966年毕业于贵阳医学院中医系，历任贵阳中医学院院长、贵阳中医学院第一附属医院院长，享受贵州省政府特殊津贴专家，第三、四、五批全国老中医药专家学术经验继承工作指导老师。1985年获"贵州五一奖章"，并授予"四化建设标兵"荣誉称号，1995年被卫生部、国家中医药管理局、人事部授予全国卫生系统先进工作者，2007年获贵州省科技进步三等奖，2009年被贵州省卫生厅、人社厅评为首届"贵州省名中医"，2013年被国家中医药管理局评为"第四批师承优秀指导老师"，2013年被中国中医科学院聘为"全国中医药传承博士后合作导师"。曾任中国中医药学会理事，国家中药保护审评委员会委员，中国中医药学会临床药物评价专家委员会委员，中国中西医结合疮科专业委员会委员。

▶ 擅疑难杂症，勤耕临床不辍

在贵州提起刘尚义，业界德高望重，坊间家喻户晓。他擅经方活用，擅治疗疑难杂症，治法强调"平衡阴阳，损有余，补不足，内外修治"。对肿瘤治疗他创新性总结出，手术后未放化疗者，以扶正固本治疗为主，宜用补脾肾、养气血之品；手术放化疗后应益气养阴，滋补肝肾，调和脾胃，达到减毒增效的目的；对无法手术及放化疗者，宜用活血化瘀，软坚散结，扶正固本之品，改善症状，减轻疼痛，提高生存质量，延长生存期。并强调治疗肿瘤须辨证与辨病相结合，经方应用不要泥古，当变则变。

▶ 善药线疡科，临床屡获奇效

1962 年始，刘尚义教授从贵州名医赵韵芬（赵韵芬是"葛氏疡科"第七代传人）系统学习疡科疾病的诊治及丸、散、膏、丹的炼制，善用药线治疗疡科疾病，中医治疗疮疡外科的奇效特色在刘尚义手中发扬光大。

他穷医道精髓，传承仁医博爱。虽已古稀之年，刘尚义仍坚持每周出诊四次，考虑年龄，医院对他每次出诊限号 50 个，但慕名而来者络绎不绝。对没挂到号的患者，他总是有求必应，每次门诊总超百人，经常是水也顾不上喝一口。他常对弟子说："病人远道而来花这么多时间排队，如果我止步于此，哪里对得起病人？"

他通读药学专著，处方药少力专，常用药不超过九味，价格低廉，却药性灵活。每遇病人觉得自己病情重，要求下药重一点，他总是风趣地说"这叫做四两拨千斤，我们今天开七剂，旗开得胜怎么样？"只言片语缓解了病人情绪，拉近了医患距离。

▶ 承各家所长，国学国医兼修

刘尚义亦儒亦医，酷爱读书，博采众长，勤求古训，幼时喜好文、史、哲类书籍，从医后系统学习中医经典，多年从事中医基础教学，使他对中医理论系统有了更加深刻的理解。他还多方收集全国各地名家中医医案，揣测领悟，对《程杏轩医案》、《王孟英医案》、《张聿青医案》等研究较深，力图在辨证施治上，承接古人遗绪。

他对儒学、易学、书法、国画颇有研究，尤其书法，自成一家，浑然大气。他常教导弟子"学习中医，功夫在书外，要研习国学，感悟国学"。首届国医大师张学文评价他"博学多才，书法一流"。2007 年在广西南宁举办的全国优秀中医临床人才研修班上，他讲授了中医与易经、京剧、国画、书法、音乐等国学在哲学思维上的共通性，学员无不佩服他国医、国学功底深厚。

▶ 弘国医精粹，力推中医发展

执教四十余载，刘尚义孜孜不倦，培养人才数以千计。在学术上对学生毫无保留，无私奉献，在生活中对学生平易谦和、关怀备至。他的学生遍布海内外，许多都已成为中医药事业的栋梁和骨干。2010 年国家中医药管理局批准建设"刘尚义名老中医药专家传承工作室"，目前跟师徒弟中，有本科 7 人、博士硕士 9 人、博士后 2 人，皆学有所成，有的已被评为贵州省名中医。他重经验总结，研究的《康尔寿软膏与杜冷丁镇痛作用的对比研究》等课题通过省级成果鉴定，主编了《南方医话》等专著，撰写了几十篇高水平论文。他心系贵州中医事业整体发展，积极建言献策，参加社会活动，开展学术讲座、健康讲座百余场，为贵州乃至周边地区的中医事业作出巨大贡献。

刘尚义教授在练太极拳

1985 年刘尚义教授主持《南方医话》编写会

刘尚义教授与赵韵芬合影

刘尚义教授在篆刻

刘尚义教授即兴挥毫

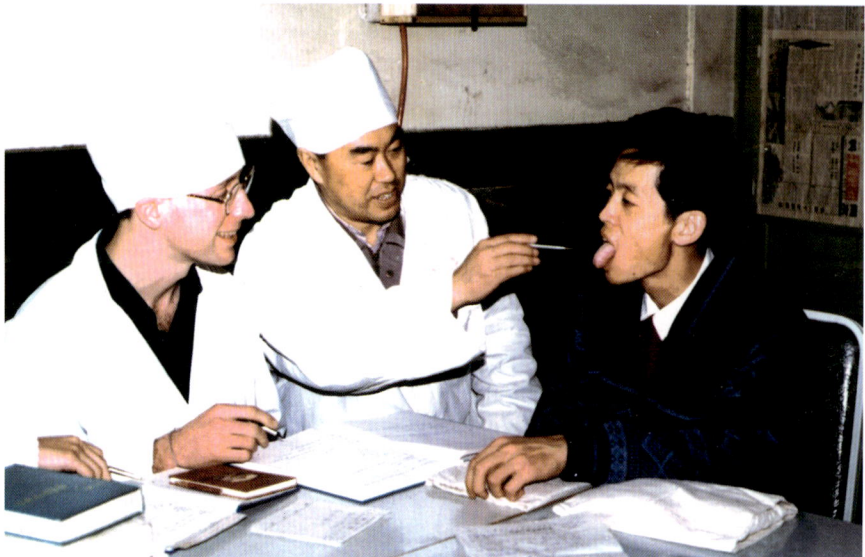

1997 年刘尚义教授在门诊指导"洋学生"诊病

2000 年刘尚义教授与首届国医大师张学文，著名骨伤专家沈冯君教授合影

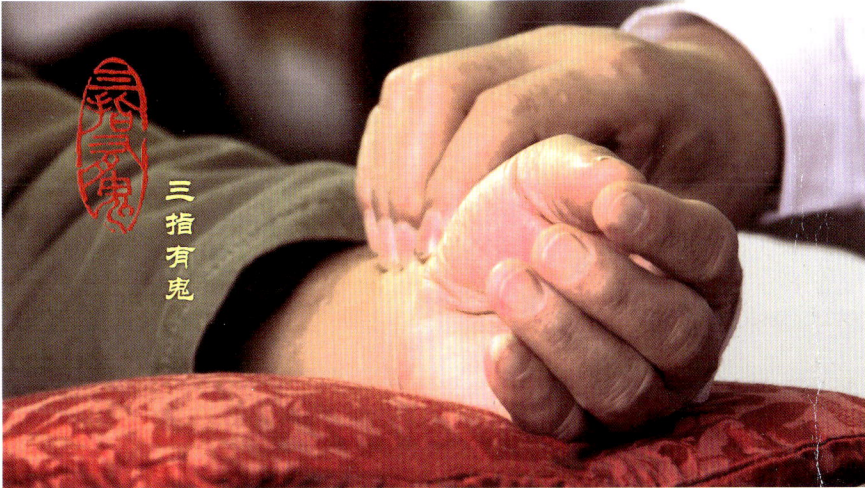

有患者制印相赠，誉其"三指有鬼"

刘尚义教授在给本科生上课

刘尚义教授在查阅古籍

刘尚义教授在野外采药

1980 年刘尚义教授与贵州名医袁家玑、许玉鸣、岳光合影

2012 年 9 月 17 日刘尚义教授与《优选使用中成药》主编合影

2014 年 1 月 25 日贵州省省委书记赵克志看望刘尚义教授

刘尚义教授与学术经验继承人合影

2009 年 7 月 11 日卫生部副部长、国家中医药管理局局长王国强与刘尚义教授
亲切交谈

刘尚义教授与学术经验继承人合影

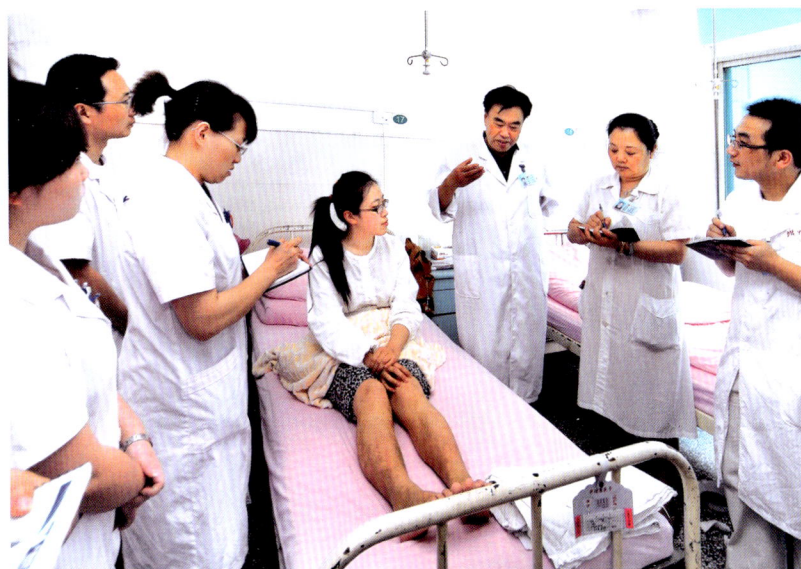

刘尚义教授指导查房

刘尚义教授讲解中医戥子

刘祖贻

他构建以"六因辨治"为核心的刘氏脑病辨治体系；主张杂病"理脾胃以安五脏"；倡温病源流新说，力主先机而治。他治癌症骨转移剧痛，常收意外之效。在抗"非典"期间，他以近古稀之龄主持全省中医专家组工作，并多次向有关部门建言献策。

刘祖贻，男，1937年7月生，湖南安化人，中共党员，大专学历，湖南省中医药研究院研究员。

出身中医世家，1958年毕业于湖南省中医进修学校。国家中医药管理局中医药工作专家咨询委员会委员，卫生部第三届及第四届药品审评委员会委员，加拿大中医针灸学会名誉顾问，第一批全国老中医药专家学术经验继承工作指导老师，享受国务院政府特殊津贴专家。1992年被人事部评为"中青年有突出贡献专家"，1995年被评为"湖南省优秀中青年专家"，1999年被评为湖南省名中医。

在中医临床学、中医理论研究以及中医药管理等方面建树颇丰。其学术成就集中体现在脑病、杂病辨治及温病学研究等方面。构建刘氏脑病辨治体系：认为脑病之病因，主要在于外邪、痰、瘀、气郁、内风、正虚等六个方面，六者互为因果，但重在内风、血瘀及正虚；脑病之治疗，当以治外邪、治痰、治瘀、治肝、治肾、治脾、治心等七法为基础，有机组合。由此，构建以"六因辨治"为核心、寓理论与临床于一体的刘氏脑病辨治体系。擅治杂病，倡导杂病和中：认为诸般杂病的产生与发展均与脾胃之气充盛与否有关，提出"脾胃健则脏腑和，脾胃伤则百病生"，主张"理脾胃以安五脏"，强调"理脾胃关键在于助化，畅元真气阳主用"，确立"和中以助化为先、以扶助气阳为要，用药不忘护脾胃、疗虚证以理脾胃为先"的应用准则。倡温病源流新说，力主先机而治：深入研究中医温病学说的发展沿革，厘清伤寒、温病之争的诸多问题，撰成《温病源流论》。其观点新颖，如提出温病学说起源不晚于伤寒学说，并阐析其发展滞后且依附于伤寒体系发展的规律及本质特征。临证无论温病、伤寒，主张"先机而治"，较近人所倡"先证而治"更有利于阻断疾病传变。

临床擅长中医辨治脑病及各科疑难病症。作为医院脑病科、老年病科学术带头人，创制中风偏瘫、血管性头痛、眩晕、老年痴呆系列效验方，制定有关诊疗技术，疗效显著，使科室建设成为卫生部和国家中医药管理局的重点专科、重点学科；擅治杂病，如治疗化疗所致白细胞减少，用益脾泄浊法治疗，白细胞较快升至正常水平，且疗效持久；治癌症骨转移之剧痛，常收意外之效。在 2003 年抗"非典"期间，以近古稀之龄主持全省中医专家组工作，不负众望，荣获湖南省人民政府一等功。

善于将临床与科研紧密结合，主持国家自然科学基金、国家中医药管理局及厅级以上课题 10 项，获省部级以上成果奖 10 余项；研制开发中药新药及医院制剂丹黄颗粒、固表防感冲剂、芪仙升白颗粒等，取得良好的社会效益和显著的经济效益。

数十年来，勤于传道授业，精心指导后学，培养多位优秀传承人，其弟子有的荣获首届"中医药传承高徒奖"，有的被评为"全国优秀临床人才"；因其在传承中的突出贡献，荣获"首届中医药传承特别贡献奖"。

热爱中医事业，为推动中医事业发展作出突出贡献。担任第八届全国人大代表期间，积极履职，推动联名提案保留国家中医药管理局机构，并递交关于"加快中医药立法"的提案。20 世纪 80 年代，屡次向湖南省委建言，提议并成功实现湖南省县级中医医院由集体所有制转为全民所有制，对湖南省中医药事业的发展起到巨大推进作用；担任湖南省中医药研究所所长，力促研究所改院升级；担任湖南省中医药研究院首任院长，提出"一主两翼"的发展战略，将研究院建设为国家中医药科研基地、中药新药临床研究基地、中医药文献信息检索分中心，在全国中医药科研机构综合评比中名列前茅，奠定了研究院数十年发展之基。

他医德高尚，医术精湛，在社会各界及行业内享有很高威望。数十年来坚持门诊并承担干部医疗保健任务，从不以医、药为牟利手段，多次谢绝院外社会医疗机构的高薪聘请；求诊者不论贫富均悉心诊治，处处为患者考虑，药廉效宏，深受患者信赖与爱戴。

挥毫泼墨

刘祖贻教授与欧阳锜等同事登山揽胜

刘祖贻教授在为患者诊治疾病

刘祖贻教授参加第八届人民代表大会

刘祖贻教授被评选为全国首批名老中医药专家学术经验继承指导老师

刘祖贻教授参加《中药新药临床研究指导原则》的编写工作，与王绵之、孙树椿等合影

刘祖贻教授在人大代表大会投票

刘祖贻教授与高徒周慎教授研讨学术问题

刘祖贻教授（前排左二）在加拿大参加针灸医师学术会议时留影

刘祖贻教授陪同原卫生部副部长胡熙明考察研究院建设情况

刘祖贻教授与其老师李聪甫在一起

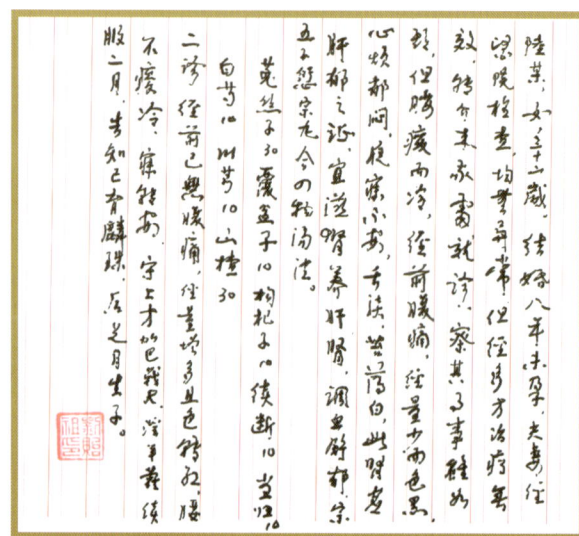

刘祖贻教授笔录医案墨宝

刘祖贻教授与学生们在一起

刘祖贻教授（前排左三）在北京参加新药
评审会，并和与会专家留影

刘柏龄

他是中医骨伤科学会创建人之一。他确立"治肾亦即治骨"的学术思想，为国内"肾主骨"立论大家，应用家传手技结合临床，创立的治腰椎间盘突出症"二步十法"，成为我国北派代表手法。

刘柏龄，男，1927 年 6 月生，吉林扶余人，中共党员，大学学历，长春中医药大学主任医师、终身教授、博士生导师。

1956 年毕业于吉林省中医进修学校，中华中医药学会骨伤科学会原副会长，中国中医科学院客座研究员、张仲景国医大学名誉教授。全国首批至五批老中医药专家学术经验继承工作指导教师，第一批中医药传承博士后合作导师，享受国务院政府特殊津贴专家。1986 年被吉林省政府评为"人民教师"荣誉称号；1993 年荣获中共吉林省政府颁发的吉林英才奖章；1995 年被吉林省政府评为吉林省终身教授（吉林省名中医）；1999 年被卫生部国际交流中心评为"二十世纪中国接骨学最高成就奖"，并由全国人大常委会副委员长吴阶平院士为他颁奖；2006 年被中华中医药学会评为"全国首届中医药传承特别贡献奖"；2006 年被中华中医药学会评为"国医楷模"荣誉称号；2008 年被中华中医药学会评为"全国首届中医骨伤名师"荣誉称号并获金鼎奖；2011 年荣获长春市卫生局颁发的"卫生忠诚奖"。

刘柏龄从医近 70 年，先后组建长春中医药大学附属医院大外科系并任主任，20 世纪 60 年代创建骨伤科，任骨科主任、教研室主任，至今一直工作在骨伤科。刘柏龄深明经旨，融于实践，确立"治肾亦即治骨"的学术思想，为国内"肾主骨"立论之大家。刘柏龄擅治骨性关节炎、股骨头无菌性坏死、脊柱退行性疾病等疾病，独创"骨质增生丸、壮骨伸筋胶囊"等多种新药。刘柏龄应用家传手技结合临床，创立治疗腰椎间盘突出症的"二步十法"，为我国北派代表手法；点刺"暴伤点"治疗"急性腰肌扭伤"，取效甚速；治疗腰椎小关节紊乱症的"一牵三扳法"，经 1~3 次治疗均可痊愈；其手法疗效卓著，每年均有大量国内外患者慕名就诊，多次被邀赴美国、德国、法国、日本及马来西亚等国家讲学，并为当地患者诊查治疗，极大地弘扬了中医学。

刘柏龄于 20 世纪 60 年代首创新药"骨质增生丸"，该药纳入《中华人民共和国药典》，于 1987 年获长春发明与革新一等奖，1991 年获吉林省中医药管理局科技进步一等奖，1992 年获国家中医药管理局科技进步三等奖。20 世纪 80 年代，研制出治疗颈、肩、腰腿痛新药"壮骨伸筋胶囊"，获国家新药生产批号，于 2000 年获吉林省科技进步二等奖；治疗股骨头无菌性坏死的"复肢胶丸"2003 年获吉林省科技进步三等奖。

出版医学教材及著作 24 部，其中代表性的有：全国高等中医院校教材《中医骨伤科各家学说》、《中医骨伤科学》；著作《中国骨伤治疗彩色图谱》、《刘柏龄治疗脊柱病经验撷要》、《刘柏龄脊柱疾病临证经验集》，《刘柏龄治腰病手法》VCD 光盘。

刘柏龄作为全国五批名老中医药专家学术经验继承工作指导老师，2010 年经国家中医药管理局批准成立"刘柏龄名老中医药专家传承工作室"，已培养数十名师承高徒及研究生。赵文海为刘柏龄教授的首批高徒，现任中华中医药学会骨伤分会副会长、与骨伤科后备带头人冷向阳教授成为吉林省骨伤科领军人物；学生王之虹教授现任长春中医药大学校长，国家 973 项目首席科学家；传承刘柏龄学术经验的高徒、研究生、学生遍布国内外，其中一些人已成为全国学科领军人物。

刘柏龄深切关注我国中医药事业的发展，在国家中医药管理局成立之前，向国务院有关部门提出"成立国家中医药领导机构，以利于中医药事业的继承与发展，中医药的事情交由中医药领导机构来管，中医药人员来办"，得到国务院有关领导的重视。在吉林省健康产业的发展上，尤其是对长白山道地药材和长白山资源应用建设提出的建议，得到吉林省委、省政府的高度重视。

刘柏龄教授是中国中医骨伤科德高望重资深专家、中医骨伤科学会创建人之一，为中国中医骨伤科学术发展具有里程碑意义的专家之一。他仍虚怀若谷，谦虚谨慎，以充沛的精力战斗在医教研第一线，为中医学的发展作出新贡献。

2011 年在纪念建党九十周年活动中刘柏龄教授被评为"卫生忠诚奖"

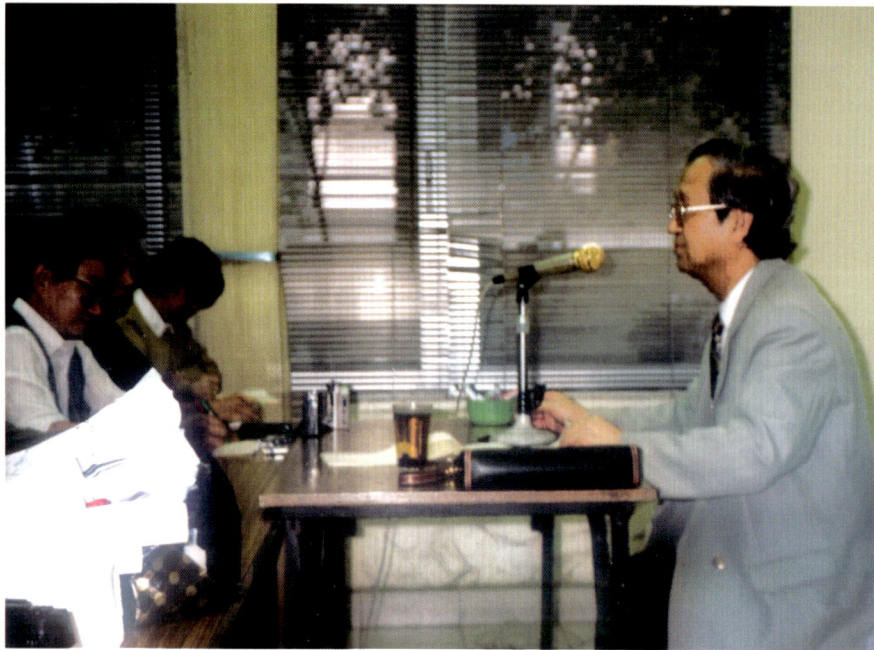

1992 年刘柏龄教授在香港讲学

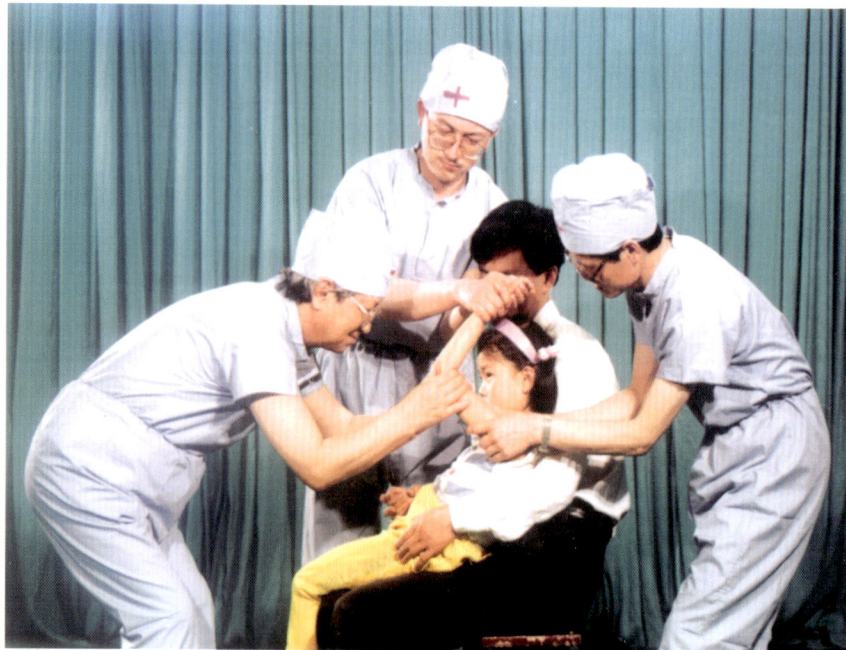

1996 年刘柏龄教授在为患儿手法复位

1998 年刘柏龄教授在美国获得美国国际中医药学院授予的荣誉博士

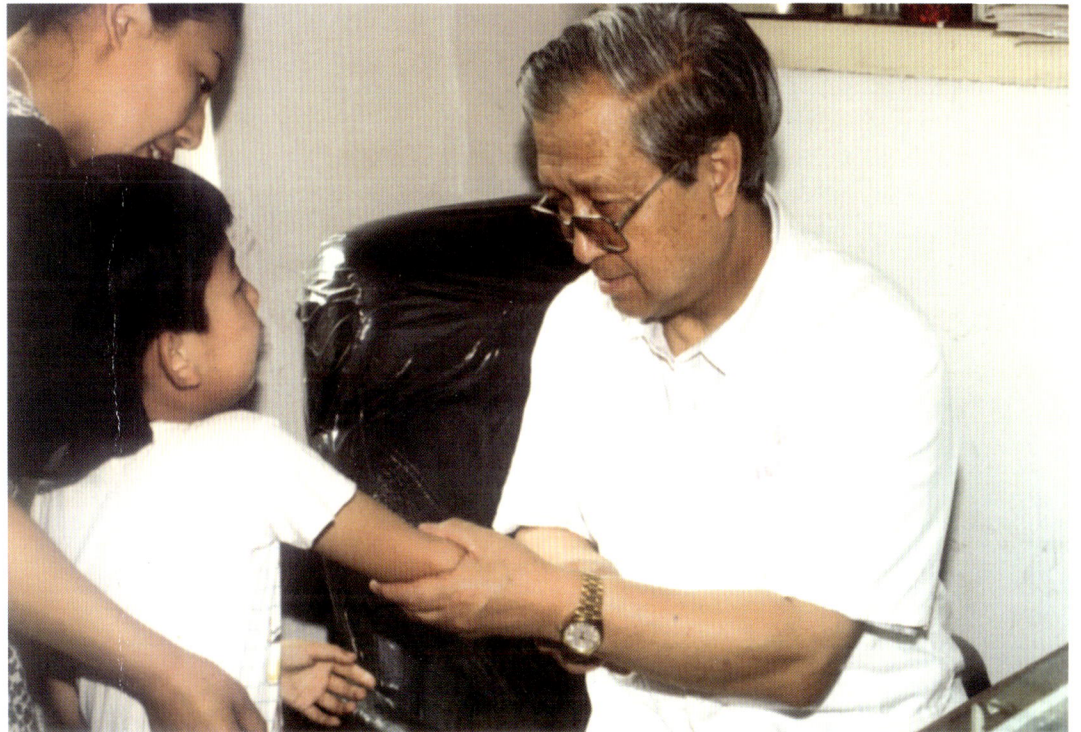

1998 年刘柏龄教授在为
患儿诊治疾病

1999 年刘柏龄教授在北京荣获"二十世纪中国接骨学最高成就奖",由吴阶平副委员长亲自颁奖

2004 年刘柏龄教授在日本参加高峰论坛时留影

2006 年吉林省省长王珉参观中医药大学图书馆时与刘柏龄教授合影

2006 年刘柏龄教授参加中华骨伤科高峰学术论坛暨刘柏龄教授行医 60 年从教 50 年学术交流会

2011 年卫生部副部长王国强参观中医药大学附属医院国医堂时，与刘柏龄教授亲切交谈

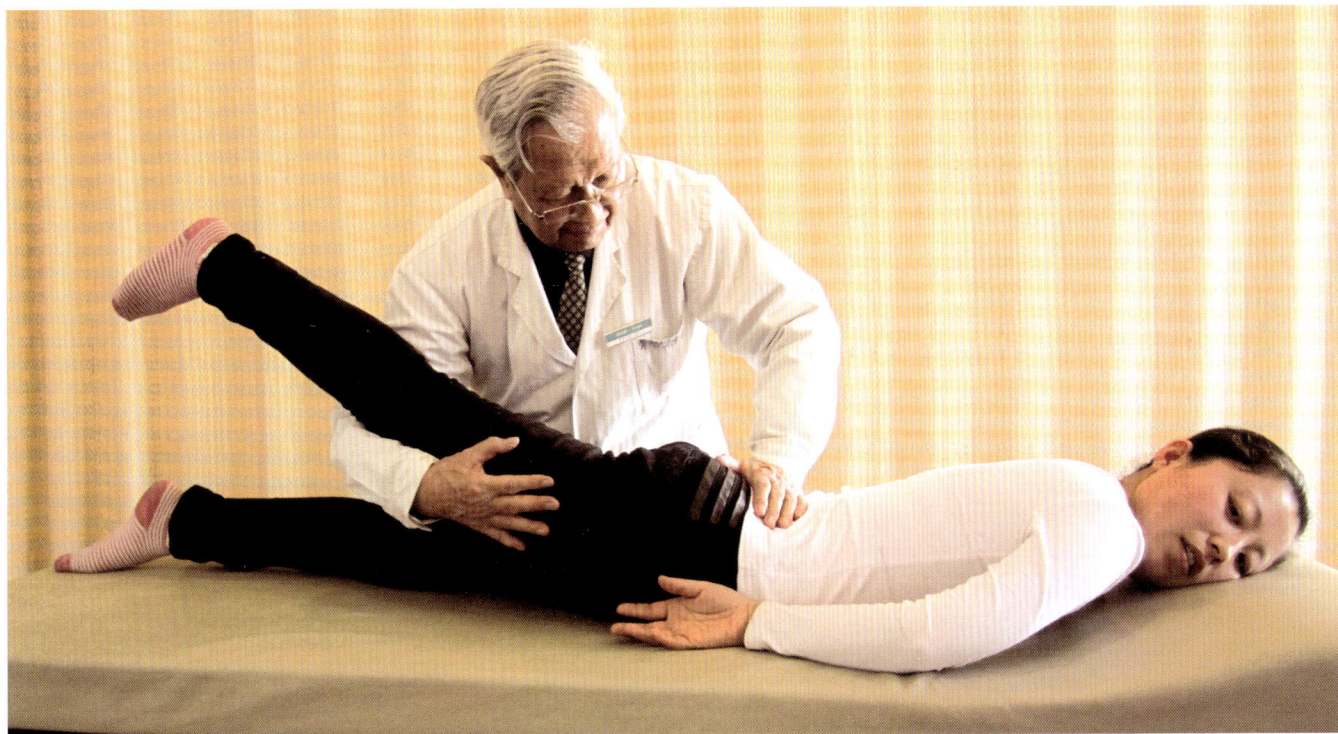

2013 年刘柏龄教授在工作室为高徒们亲自示范"二步十法"操作流程

吉格木德

> 50多年来，他运用蒙药和温针疗术治疗临床常见病及部分疑难病症疗效显著，并研究配制了一系列行之有效的疑难病专用方；他创立了蒙医学史课程，培养了我国首届蒙医硕士、博士研究生，并提出蒙医药学"三大经典"观点。

吉格木德，男，1939年12月生，内蒙古伊克昭盟（今鄂尔多斯）人，中共党员，大学本科学历，内蒙古医科大学主任医师、教授、博士研究生导师。

1963年毕业于内蒙古医学院蒙医专业并留校任教。第五批全国老蒙医药学术经验继承工作指导教师，我国首届蒙医博士研究生导师，享受国务院政府特殊津贴专家。2008年被内蒙古卫生厅、人事厅授予自治区名蒙医，同年被内蒙古文化厅评为自治区非物质文化遗产——蒙医药学代表性传承人。

▶ 临床医疗工作

50多年来，他一直坚持临床医疗工作，积累了丰富的临床经验，主要用蒙药和温针疗术治疗神经、消化、心血管系统及妇儿科常见病，尤其对肾结石、高血压、脑积水、睡眠型血红蛋白尿、肿瘤、小儿肺含铁血黄素沉着症等疑难病症的治疗取得了显著疗效。

在临床上，他探索临床理论问题，提出许多新的见解：如"病因辨证"、"病性辨证"、"辨证总纲"及"以震治震"等理论。他认为，从事蒙医基础理论的教学和科研人员，必须坚持参加蒙医临床，避免理论脱离临床的危险。

他研究配制的院内制剂如"塔拉满92612丸"、"B2号丸"、"脉泻丸"、"当归-15汤"及"当归-12丸"等疑难病专用方在临床应用中疗效显著。

▶ 科研课题与科研成果

1. 蒙医学史研究　著有《蒙医学简史》（1984年蒙文版、1997年汉文版）、《蒙古医学史》（1991年日文版、2006年再版）、《蒙医学史》(2002 年出版),任副主编编写出版《中国少数民族科技史丛书·医学卷》(1999 年出版)、《内蒙古医学史略》(1993 年出版);发表论文 40 余篇。

2. **基础理论研究**　20 世纪 70 年代立项"蒙医学基础理论系统化研究"(内蒙古科委课题),发表论文 20 余篇;出版《蒙医学基础理论》专著 (1984 年第一版,1988 年第二版),是新中国成立以来国内外系统整理研究蒙医基础理论的第一部科研专著;在原有 1965～1987 年由他编写的油印版教材基础上,主编了第一版 (1988 年) 和第三版 (2013 年) 高等教材《蒙医学基础理论》。

3. **蒙医学和阿育吠陀(古印度)医学古籍文献研究**　20 世纪 70 年代开始发表相关论文 20 余篇;1977 年提出蒙医古代文献中《四部甘露》、《蒙药正典》、《方海》等 3 部古籍为蒙医药学"三大经典"的新观点;2004 年出版《蒙医学史与文献研究》(蒙文版 24 万字,斯拉夫蒙文版于 2009 年在蒙古国出版);现正在整理编写《蒙古文医学古籍文献集》一套 14 卷 (自治区重大项目),其中《阿育吠陀医学古籍文献集》1~5 卷 (独作) 已于 2013 年截稿。

4. **创立蒙医学史课程**　1984 年以他的《蒙医学简史》为教材在内蒙古医学院开设蒙医学史课程;2007 年主编出版第一版高等教材——《蒙医学史》;1993 年担任蒙医硕士生导师,培养了我国首届蒙医硕士研究生;2006 年担任博士研究生导师,培养了我国首届蒙医博士研究生 (医史文献学)。

5. **自治区蒙医药重大项目研究**　任副主编编写出版《蒙古学百科全书·医学卷》(2002 年);任副主编、总审委员会主任、编写主持审定《蒙医病症诊断与治疗标准》;任审定委员会主任、主持审定《蒙药材标准》、《炮制标准》、《制剂规范化》;现担任多媒体《中国医学百科全书·蒙医学》(三大卷) 名誉主编、总审委员会主任委员。

▶ 传承工作情况

内蒙古医科大学组织包金荣博士研究他的教学学术思想;松林博士主持整理《吉格木德学术论著选集》;国际蒙医医院纳顺达来博士等传承弟子整理他的临床学术思想和经验。

▶ 献计献策

1977 年提出的"蒙医药三大经典"的意见已获学术界公认,并进入第一版蒙医高等教材;针对药品管理法规中对蒙药传统处方和传统剂型的临床应用严重受限制的问题,向药品管理部门提出建设性意见,并被列入《内蒙古自治区蒙医药中医药条例》第 33 条。

2007年吉格木德教授与爱人娜仁教授合影

1991 年吉格木德教授在前苏联科学院布里亚特分院图书馆查阅文献期间同藏学家普巴晓夫先生探讨蒙医藏文古籍文献

青年时代的吉格木德

2008 年吉格木德教授与我国首届蒙医博士研究生合影留念

1996 年吉格木德教授与首届蒙医硕士研究生
（医史文献）毕业留念

吉格木德教授在附
属医院查房

2011 年吉格木德教授全家合影

2007 年吉格木德教授与第一届国医大师苏荣扎布教授合影留念

2007 年中秋节吉格木德教授在北京钓鱼台"金秋明月映杏林专家座谈会"上

2007 年吉格木德教授在中国满洲里市召开的中、俄、蒙蒙医药国际学术会议上做题为"古印度医学文献研究"学术报告

刘敏如

　　她擅长妇科疑难疾病的治疗，注重补肾与调理气血，调治与预防并重。在月经调节、生理带下、补肾调节乳汁分泌等中医机理方面创立新论，率先提出并发展了盆腔疼痛证、经断前后诸证、女阴白色病损、痛经病机及崩漏等中医妇科新病种。探索践行中医药现代化及产学研结合，研发"产泰"、"益宫宁血口服液"、"养精壮本丹"等新药。

　　刘敏如，女，1933年5月生，四川成都人，中共党员、农工民主党员，本科学历，成都中医药大学教授，博士研究生导师，享受国务院政府特殊津贴专家。

　　1953年毕业于华西大学医学院西南委托班，1953～1956年任云南省干部疗养院医务组长，1956～1962年就读成都中医学院中医学专业六年制，从事医学工龄61年，其中中医工龄58年（中医妇科临床教学科研）。1998年被评为四川省首批名中医，2009年被评为首批全国中医妇科名师，1991年被评为全国教育系统"巾帼建功"标兵。1995年被评为杰出的女科技工作者，2000年被评为四川省首届先进科技工作者，2000年被评为四川省学术和技术带头人，2002年被评为全国优秀科技工作者。中华中医药学会第三届副会长，《中医杂志》编委会副主任委员，中华中医药学会终身理事，中华中医药学会妇科专业委员会第一届常委、第二届主任委员、第三届名誉主任委员。国务院学位委员会第三、四届学科评议组成员。四川省科协常委、全国妇联常委。第八、九届全国政协委员。2002年以来任东华三院—香港大学中医药临床教研中心顾问中医师、香港大学中医学院学术顾问、澳门中国中医药文化研究促进会首席专家。

　　刘氏师从唐伯渊、王渭川、卓雨农等名流，擅长月经不调、痛经、崩漏、闭经、不孕等妇科常见及疑难疾病的治疗，病证结合，以基本病机为纲，注重补肾与调理气血，调治与预防并重，年逾八旬，仍坚持临床第一线，年门诊5000人次以上。在珠海、香港设有刘敏如名医工作室，多年来多次赴欧美及东南亚行医讲学，参加国际中医学术交流会传播中医药文化，享誉海内外。作为全国首届研究生导师，培养硕、博士研究生21名，其中3名为国内学术带头人及专业学会主任委员，7名研究生在海外中医执业近二十余年，影响深远。

　　勤求古训，根植临床，勇于创新。在月经调节、生理带下、补肾调节乳汁分泌等中医机理方面创立新论，率先提出并发展了诸如盆腔疼痛证、经断前后诸证、女阴白色病损、痛经病机及崩漏等中医妇科新病种。探索践行中医药现代化及产学研结合，卓有成效。如基于产后"多虚多瘀"的中医理论，研发出补虚化瘀的复方产品"产泰"，解除了妇女产后复旧的后顾之忧；在国内率先应用"气阴双补法"治疗功血并研发出上市产品"益宫宁血口服液"，提高了妇科血证患者的疗效；以补肾填精及温肾填精立法研制的"资癸女贞丸"、"滋阴荣颜丸"及"养精壮本丹"等新药，主持国家、部省及厅局级科研课题 10 余项，发表论文 30 余篇，主编高级专业著作 5 部，副主编、副主校各 1 部，主审 3 部，申请专利 4 项并均已获公开，研发上市产品 5 个。

　　作为课题负责人 1993 年获四川省中药管理局科技进步一等奖、1996 年获国家中药管理局科技进步三等奖、1993 年获世界传统医学金杯奖（旧金山）、1992 年获国家星火博览金奖各 1 项，1997 年获四川省中医药管理局二等奖 1 项，1990 年获四川省科技进步三等奖 2 项，主编的《中医药高级参考丛书·中医妇产科学》2004 年获中华中医药学会学术著作一等奖。为成都中医药大学中医妇科学学科成为四川省、国家中医药管理局及国家教育部重点学科，作出了不可或缺的贡献。

2012 年刘敏如教授与国医大师邓铁涛合影

1988 年刘敏如教授在成都中医药大学门口与同事合影

2000 年刘敏如教授与妇科同仁合影

2000 年刘敏如教授在博士生毕业典礼上

2006 年刘敏如教授
在美国参加中医学
术经验交流会

2002 年刘敏如教授在北京参加全国政协会议

2004 年刘敏如教授主编的《中医妇产科学》获中华中医药学会著作一等奖

2009 年刘敏如教授参观世界卫生组织传统医学合作中心皇家墨尔本理工大学中医系

2009 年刘敏如教授参加美国西雅图国际中医学会研讨会

刘敏如教授与鼎力支持香港中医事业发展的王定一太平绅士、四川省中医管理局杨殿兴局长合影

2013 年刘敏如教授与原卫生部副部长、国家中医药管理局局长佘靖共同主持香港东华三院王李名珍王定一中西医药研讨会

2014 年刘敏如教授在上海拜访国医大师颜德馨

刘敏如教授在成都中医药大学附属医院妇科门诊带教

凤凰卫视吴晓莉副台长祝贺刘敏如教授 80 华诞

呂景山

他从医60年，以崇高的医德和精湛的医术救治了近百万患者；他在其师施今墨对药理论的启发下，提出对穴理论，为针灸学及针灸处方学的研究和发展创新了思路；他采用"无痛进针，同步行针"手法，获得了独特的临床疗效。

吕景山，男，1934年11月生，河南偃师人，中共党员，本科学历，山西中医学院第三中医院教授、主任医师、硕士研究生导师。

1962年7月毕业于北京中医学院中医专业。山西省政协七届委员会委员，中国针灸学会第三届理事会理事，中国针灸学会腧穴分会副理事长，第三、四批全国老中医药专家学术经验继承工作指导老师，享受国务院政府特殊津贴专家。1983年荣获山西省卫生厅颁发的先进工作者称号；2007年荣获太原市人民政府颁发的"名老中医专家"证书；2010年被山西省卫生厅评为首届"山西名医"。

▶ 悬壶三晋六十载，济世活人一甲子

他师从"京城四大名医"施今墨先生、"北京十大名医"祝谌予教授，始终秉承师训，精勤不倦；从医60年以来，他以崇高的医德、精湛的医术，救治了近百万患者，获得广泛赞誉；1975年作为我国首批赴喀麦隆共和国工作组成员，他的医术在当地引起巨大反响，为后续工作的开展打下了坚实的基础；他虽已年届耄耋，仍然勤耕不辍，服务于临床。

▶ 昌明"对药"辟蹊径，首创"对穴"树新帜

他在学术上师古不泥，独辟蹊径，见解独到。对药理论是他系统总结施今墨先生学术思想和临床经验所得，是施今墨先生学术思想的精华。对药理论的总结和发扬，填补了自南北朝迄今一千四百多年以来药对配伍专辑的空白，成为中医方剂学研究的典范，为中医方剂学的深入研究指明了新的方向。同时，他在对药理论的启发下，将其运用于针灸腧穴，首次提出了对穴理论，为针灸

学及针灸处方学的研究和发展创新了思路，树立了标杆。他总结出版的《施今墨对药》和《吕景山对穴临床经验集》，先后被评为1982 年度全国优秀科技图书一等奖，山西省 1983 年科技成果二等奖，受到国医大师程莘农、朱良春和业内老前辈叶橘泉、任应秋、周凤梧、陈汉平等的高度评价，并被翻译为日文、韩文等多个版本。

▶ 紧扣优势谋跨越，锁定核心再创新

针刺手法是针灸学的核心技术，是临床疗效的保证。他通过不断总结前人经验，结合自身临床体会，采用"无痛进针，同步行针"手法，获得了独特的临床疗效。其中，无痛进针法是将押手与刺手归于一手的进针方法，具有速度快、痛苦少、得气快、针感强、后劲大、疗效佳的优势；同步行针法是他独特的行针手法，应补则补，当泻则泻，使患者在针灸时更快地得气，更好地守气，使气至病所，病痛迅速缓解。

▶ 求慎敬命德为上，桃李天下誉海内

他行医坚持敬畏生命、以人为本的原则，坚持厚予慎取、诚实守信的道德操守，多年来得到了广大患者和同行的一致认可和广泛赞誉。前来找他就诊的国内外患者摩肩接踵，还有许多患者通过书信、电话等方式向他求助，他均不辞辛劳一一回复作答。他毫无保留、倾其所有、甘为人梯、无私传授的风范使后辈受益终生。作为全国第三、第四批中医药专家学术经验指导老师，他培养了学术经验继承人 5 名，并通过"全省优秀中医临床人才研修项目"收徒 5 名，2011 年和 2013 年分别在香港和加拿大收徒25 人。随着"吕景山全国名老中医药专家传承工作室"的成立，他的学术思想将进一步得到总结、继承和提升。

▶ 社会活动展风范，献计献策谋发展

他为了中医的发展殚精竭虑，历任中国针灸学会等社会团体多项职务。在山西省政协七届三次会议上，他提出"中医院校主要领导人应用本专业人选担任"的提案，受到山西省政府高度重视，极大地促进了山西中医药事业的发展。为培养铁杆中医，他向山西省中医药管理局提议开办"全省优秀中医临床人才研修项目"，该项目现已举办两届，共培养优秀中医临床人才 167 名。

从医六十年来，他精勤不倦、无私奉献的精神和独到的见解、创新的思维，为中医针灸的发展树立了新的丰碑。

1994 年吕景山教授与夫人倪淑琴参观河北承德小布达拉宫

1993 年吕景山教授与加拿大针灸学会会长张金达教授合影

1986 年吕景山教授在武汉参加全国针灸会议时参观黄鹤楼

1962 年夏，吕景山在恩师京城四大名医之一施今墨先生家，师生合影（中为施今墨，左起吕景山、祝谌予、吕仁和）

1962 年北京中医学院首届毕业生毕业合影留念

1976 年援助喀麦隆首届医疗队队员合影

1977 年在喀麦隆

1992 年国际友人来山西省针灸研究所参观学习，吕景山教授认真讲解、示范

1993 年吕景山教授参加山西省政协会议时与山西省人民医院神经外科主任王树荚教授合影

1993 年吕景山教授在厦门参加"针灸腧穴学会学术会议"

吕景山教授在乡间情景

1993 年与白求恩侄女在加拿大合影

1996 年夏吕景山教授与弟子合影(中为吕景山,左起吕运权、李毅、吕玉娥、吕运东)

1998 年吕景山教授与祝谌予教授合影

2005 年吕景山教授于香港收徒

2012 年吕景山教授参加山西
中医学院第三中医院的教学
查房活动

张大宁

他主编了第一部《实用中医肾病学》和《中医肾病学大辞典》，规范了中医肾病的概念、范围及辨证论治的基本规律，并提出"心—肾轴心系统学说"、"肾虚血瘀论和补肾活血法"等；承担国家"十五"、"十一五"和"十二五"课题多项，验证了中医药对于肾小球硬化、肾间质纤维化、肾小管萎缩等疾病的肯定疗效。

张大宁，男，汉族，1944年9月出生，1966年8月毕业于天津中医学院。现任天津市中医药研究院名誉院长、首席专家，天津市中医肾病研究所所长。主任医师、教授、博导、博士后导师，中央文史馆馆员，国际欧亚科学院院士，国家级名老中医，首批享受国务院特贴专家，国家卫生和计划生育委员会公共政策咨询专家委员会委员。20世纪90年代至今，张大宁连续担任中央保健医生，负责中央领导的医疗保健工作，被中央授予优秀中央保健医生。中华中医药学会副会长，全国中医肾病学会主任委员，中国中医药研究促进会会长，天津市中医药学会会长，《中医杂志》《中华中医药杂志》等十余种专业期刊编委会主任、副主任。

第九届、第十届、第十一届全国政协常委，第七届、第八届全国政协委员，第十一届全国政协教科文卫体委员会副主任，第十二届、第十三届、第十四届中国农工民主党中央副主席，中国和平统一促进会常务理事，第十二届天津市政协副主席，天津南开中学校友会会长，天津市海外联谊会副会长。

张大宁作为中医肾病学的奠基人，20世纪80年代，主编了我国第一部《实用中医肾病学》和《中医肾病学大辞典》，科学、严谨地规范了"中医肾病"的概念、范围及辨证论治的基本规律，从而使"中医肾病学"从中医内科学中科学地分离出来，形成一门系统完整的中医临床学科。其中他提出的"心—肾轴心系统学说"、"肾虚血瘀论与补肾活血法"等理论，已被中西医学术界所公认。尤其是他提出的"补肾活血法"，经过三十年来中西医多学科的共同研究，现已在二百多种病证中得到广泛应用，获得满意效果。为此，经全国科协、国家中医药管理局、民政部特别批准，中华中医药学会于2011年成立了全国自然科学二级学会——中医补肾活血法学会，这是第一个以"个人提出的治法"命名的医学学会。

张大宁是一位医学界和社会公认的、有着高超临床疗效的中医大家，其治疗各种肾脏疾病，如慢性肾炎、慢性肾功能衰竭、糖尿病肾病等，有着卓著的疗效，其临床疗效遥遥处于国内外的领先水平，在全国乃至国际上享有盛名。几十年来，经其治愈的患者数以万计，不少国家元首政要都慕名诊治，获得满意的效果。他医德高尚，严格律己，对待病人，无论是高官政要、亿万富翁，还是平民布衣、穷困百姓，他都一视同仁，奉为至亲。门诊看病时，经常从早上八点诊病到半夜，仔细认真，一丝不苟，病人感动万分。几十年来，他几乎每天不离病人，有求必应，用他自己的话说："从个体上、现象上看，是病人求医生；而从整体上、本质上讲，是医生求病人。脱离了病人，医生就失去了存在的价值。"

科研方面，张大宁多年从事中医药治疗肾脏疾病的临床与基础研究，作为首席专家，负责国家"十五"、"十一五"、"十二五"的课题多项，其研究成果证实，中医药对于肾小球硬化、间质纤维化、小管萎缩，以及血管狭窄等，都有着良好的效果，从而打破了西医"不可逆"的理论，也为其他脏器硬化和纤维化的治疗提供了新的思路。其领衔研究的"肾衰系列方治疗慢性肾功能衰竭的临床与实验研究"、"TNF-α 对肾间质纤维化细胞表型变化的影响及补肾活血法对 TEMT 的抑制作用"、"补肾活血法在肾间质纤维化上的应用研究""补肾活血法治疗系膜增生性肾小球肾炎的临床与基础研究"等，先后荣获国家各级科技进步一等奖、二等奖等十余项科技成果奖及多项发明专利。

张大宁著述及论文颇丰。除出版了我国第一部中医肾病学专著《实用中医肾病学》和《中医肾病学大辞典》外，其他如《中医补肾活血法研究》、《补肾活血法与肾脏疾病》、《古今肾病医案精华》、《张大宁医学论文集》、《中医基础学》、《常用中成药》等十余部学术专著，及发表在国内外重要学术刊物上的百余篇论文，都在中西医学术界产生重要影响，其中有些著作被国外翻译成外文并在国外出版发行。

作为中国中医肾病学的学术带头人，张大宁曾多次主持国际及全国肾脏病学术会议，包括海峡两岸的一些高级学术会议。并应邀赴美国、英国、日本、德国、法国、韩国、澳大利亚、以及东南亚等国家著名大学讲学、会诊，广受好评，并为不少外国元首、政要会诊，广受赞誉。

1990 年 8 月，张大宁教授作为首位大陆杰出学者应邀赴台讲学，半个多月的时间，他走遍了台大、荣民总医院、中国医药学院、阳明医学院等，讲学、会诊，广受赞誉，在宝岛引起轰动，使两千多万台湾同胞第一次目睹了大陆学者的风采，架起了隔绝 40 多年的海峡两岸的第一座桥梁，受到中央领导的好评。以后又多次赴台讲学、会诊，深受台湾中西医界及社会上下层的欢迎。

1993 年，张大宁用海外捐赠给他个人的巨款，建立了"张大宁传统医学基金会"，以弘扬祖国传统医学，发扬中医肾病事业。

张大宁积极培养接班人，作为博士生导师、博士后导师和全国名老中医，多年来培养了一批又一批的学术接班人，形成完整的学术梯队。

多年来，张大宁多次荣获全国及卫生部、天津市等各级先进科技工作者、劳动模范、"十佳医务工作者"，以及全国名老中医传承特别贡献奖等多种荣誉称号。

1998 年 8 月，经中国科学院与有关方面提名，国际天文联合会批准，国际天文联合会把中国科学院新发现的 8311 号小行星，命名为"张大宁星"，这不仅是中国，而且是世界上第一颗以医学家名字命名的小行星。对于这样一件医学界的大事，天津市特别制作了"张大宁星标志雕塑"，陈列于天津科技馆内。中国泌尿科权威、全国人大副委员长吴阶平为雕塑题词。同时，集邮公司还于 1999 年 8 月 8 日特别发行了印有张大宁左手指纹的"张大宁星"首日封，这也是世界上首枚印有主题人物指纹的首日封。同时，张大宁星也被列入世界吉尼斯大全。

李克强总理向张大宁教授颁发中央文史馆馆员聘任书

2013 年 1 月"张大宁星命名十五周年暨《张大宁学术思想文集》首发式和张大宁学术思想研讨会"在天津隆重召开，中央领导，卫生部、国家中医药管理局及天津市等有关方面的领导和国内外著名专家学者亲临出席，或来电、来信、题字表示祝贺

张大宁教授在"张大宁标志雕塑"前留影

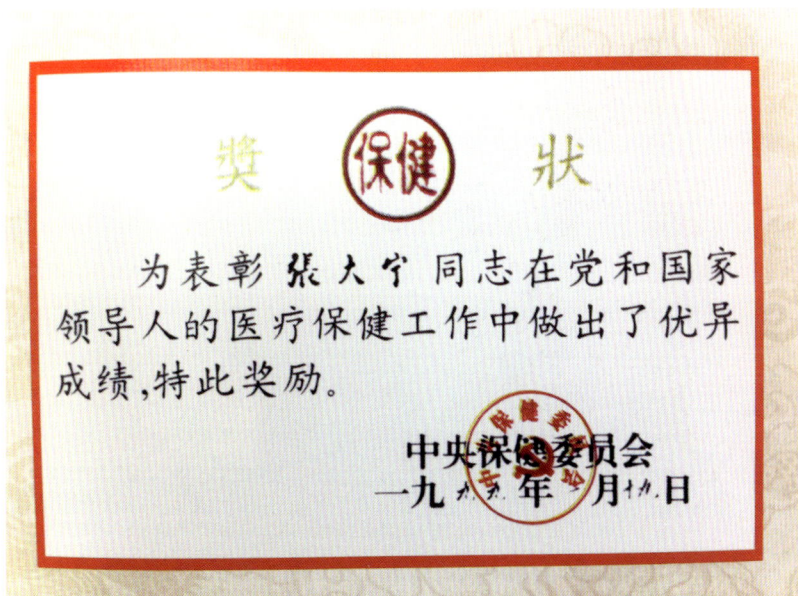

奖状

为表彰 张大宁 同志在党和国家
领导人的医疗保健工作中做出了优异
成绩，特此奖励。

中央保健委员会
一九九六年月日

优秀保健医

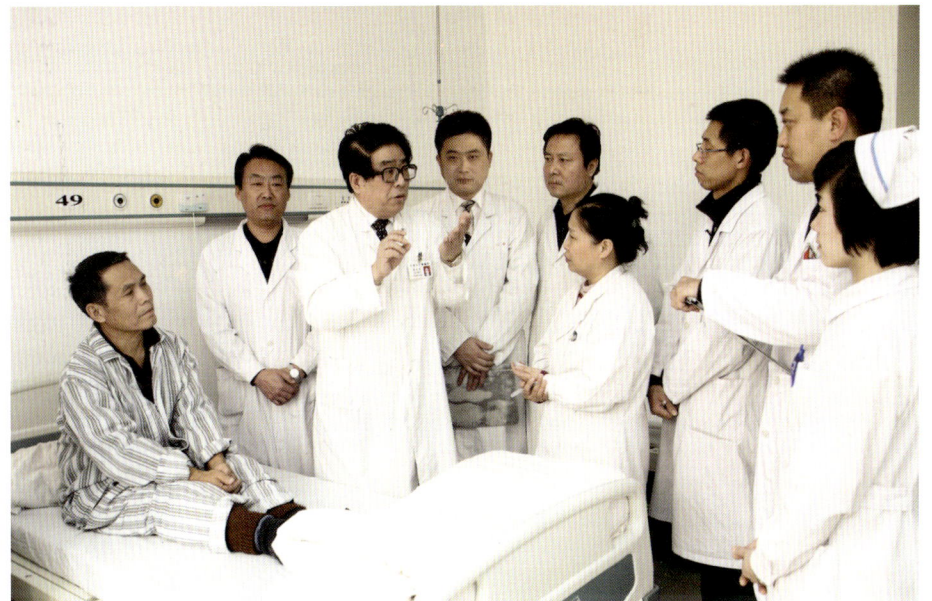

张大宁教授查房

张大宁教授在全国政协大会上发言

张大宁教授与他培养的人才梯队合影

张大宁教授应邀回小学母校，并向小同学们普及中医药知识

张大宁教授与国民党元老陈立夫交谈

2011 年 10 月李士懋教授在北京参加《名医之路道传薪火》新书发布会

2011 年 10 月李士懋教授在北京参加名老中医学术思想挖掘会

2011 年 11 月李士懋教授在山东济南国际脉学培训班上做讲座

2013 年 1 月李士懋教授在北京全国中医药大会上接受表彰

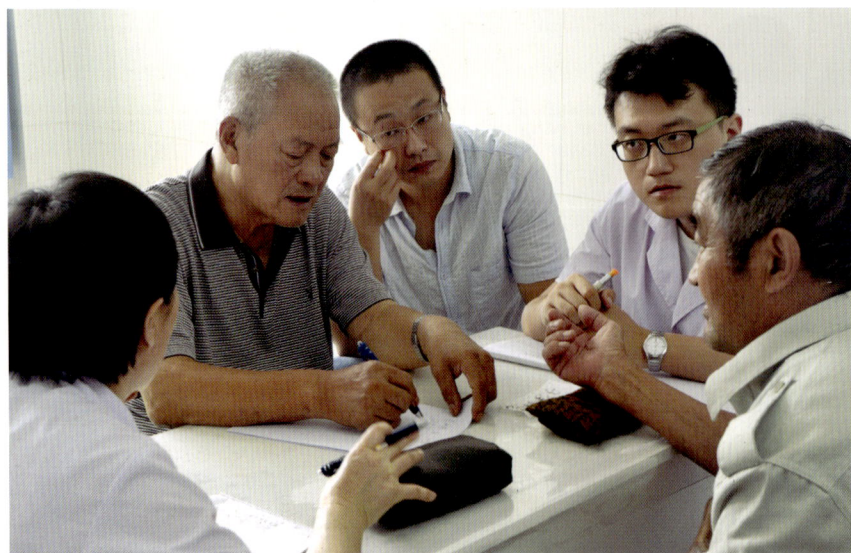

2013 年 8 月李士懋教授在邯郸涉县义诊

2014 年 4 月李士懋教授在河北中医学院为西学中学生讲座

2012 年 12 月李士懋教授与第一批民间弟子合影

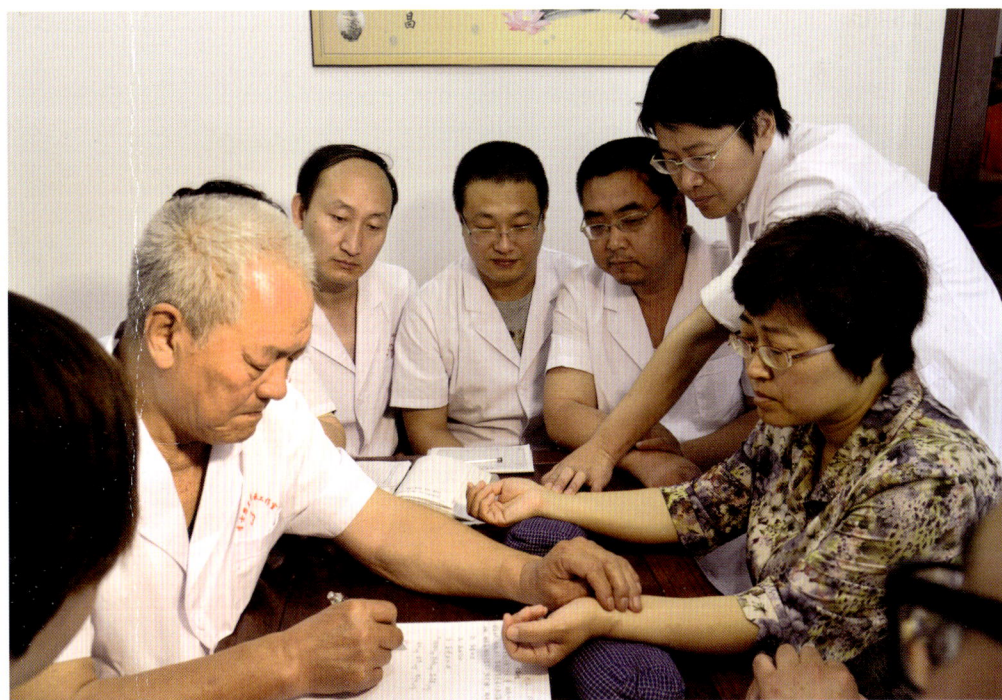

2013 年 6 月李士懋教授在石家庄出门诊

李今庸

> 他通晓中医内外妇儿及五官各科，尤长于治疗内科和妇科疾病。在内伤杂病的补泻运用上形成了自己独特的风格，即泻重痰瘀，补主脾肾。在学术上，认为"中医药学应以东方文化的面貌走向现代化"。重视学科和教材建设，在治学上锲而不舍。

李今庸，男，1925 年 9 月生，湖北枣阳市人，湖北中医药大学教授、硕士生导师，中国中医科学院荣誉首席研究员。

1947 年开始从事中医药工作，第一批全国老中医药专家学术经验继承工作指导老师，第一批中医药传承博士后合作导师，享受国务院特殊津贴专家。1994 年获人事部、卫生部、国家中医药管理局表彰，2007 年获国家中医药管理局"优秀中医临床人才研修项目优秀指导老师"荣誉称号，2011 年被湖北省人力资源社会保障厅和湖北省卫生厅授予"湖北中医大师"称号，2011 年被国家中医药管理局确定为全国名老中医药专家传承工作室建设项目专家。

▌ 开展临床工作情况

李今庸通晓中医内外妇儿及五官各科，尤长于治疗内科和妇科疾病。在数十年的临床实践中，尤其在内伤杂病的补泻运用上形成了自己独特的风格，即泻重痰瘀，补主脾肾。脾肾两脏，一为后天之本，一为先天之本，是人体精气的主要来源。二脏荣则一身俱荣，二脏损则一身俱损。因此，在治虚损证时，补主脾肾。在临床运用中，具体又有所侧重，小儿重脾胃，老人重脾肾，妇女重肝肾。慢性久病，津血易滞，痰瘀易生，痰瘀互结，易成窠囊。因此他对于此类病证的治疗是泻重痰瘀。他临床经验丰富，辨证准确，用药精良，其经验见于相关著作及论文中，代表著作是《李今庸临床经验辑要》、《中国百年百名中医临床家丛书·李今庸》，并将个人临床经验、病证证型治疗分类 140 种，使之系统化，载于《李今庸医案医论精华》。

▌ 学术思想技术经验

在学术上，李今庸认为中医药学必须"坚持理论指导下的医疗实践，坚持理论对实践的依赖关系，坚持理论与实践的辩证统一"。

研究古医籍，"只能用辩证唯物论和历史唯物论的立场、观点和方法，探索它的学术观点和科学内容，不能要求古人说出我们今天同样的话来"。在临床实践中强调"方不在大，对证则效，药不在贵，中病即灵"。同时认为，"中医药学应以东方文化的面貌走向现代化。"

李今庸重视学科和教材建设。他通过主编全国中医学院试用教材《金匮要略讲义》，把《金匮》学科从湖北推向了全国，为《金匮》学科的发展奠定了良好基础；发展了《内经》学科，是《内经》学科的第一代学科带头人。1974 年协编全国中医学院教材《中医学基础》；1978 年主编《内经选读》；1978 年参与编写高等中医药院校教学参考丛书——《内经》；1986 年组织编写《新编黄帝内经纲目》和《黄帝内经索引》；1987 年编写《金匮要略讲解》。几十年来，李今庸为中医药院校的学科和教材建设，倾注了满腔心血。

李今庸在治学上锲而不舍，勇攀高峰。从 20 世纪 60 年代他就步入了这条漫长而又崎岖的治学之路。他首创了以治经法研究和整理古典医学著作，综合运用"校勘学"、"训诂学"、"方言学"、"古文字学"、"历史学"以及避讳知识等，对中医药古籍中一些悬而未决、聚讼未已的问题，进行了深入的研究，使千百年之疑窦涣然冰释。特别是对《黄帝内经》、《金匮要略》、《伤寒论》等中医经典的考证、训诂等达数百条之多。他发表学术论文 300 余篇，出版和刊印学术专著 10 余部。

▶ 传承情况

李今庸执教五十余个春秋，桃李满天下，为培养中医药人才呕心沥血。最突出的是对学生严格要求，倾囊相授。俗话说："严师出高徒"。他对学生"爱"字当先，"严"字当头，寓爱心于"严"字之中。首先，要求学生"君子务本，本立而道生"，培养读书和写作两个习惯，指出只要基础牢固了，中医学之规律也就掌握了，强调了专心及基础的重要性。其次，要求学生治学严谨，一丝不苟，言必有据，持必有故。他言传身教，以自己毕生治学之道及学术倾囊相授，诲人不倦，甘为人梯。学生受其教而成才者多获益于此。

1986年国家中医管理局重大中医药科技成果评审会全体评审会委员及工作人员留影

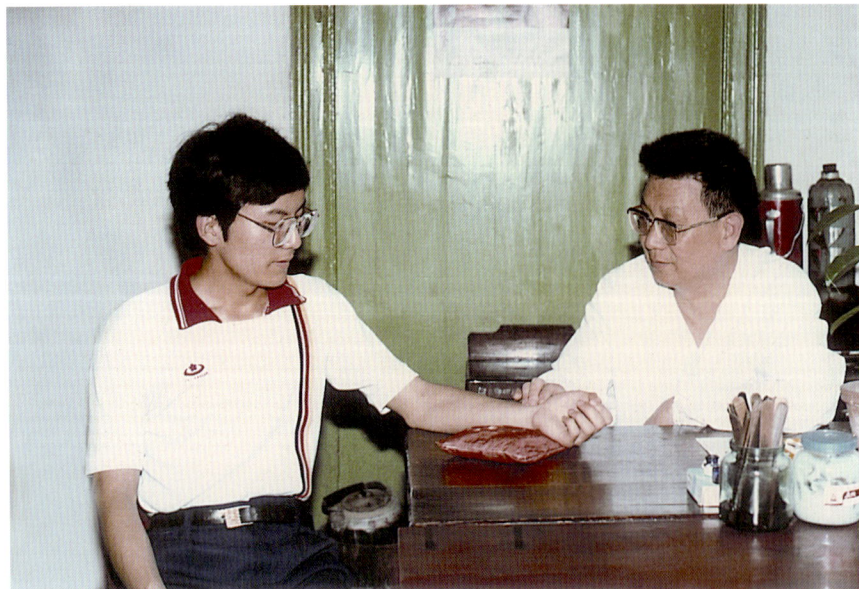

1985 年李今庸教授在专家门诊为病人看病

1985 年李今庸教授在湖北神农架地区考察中医药情况时的留影

1991.年李今庸教授在指导首批全国继承老中医药专家学术经验继承人
查阅文献资料

1986 年 6 月李今庸教授参加中国科学技术协会第三次全国代表大会代表合影留念

1997 年李今庸教授在办公室

1999 年李今庸教授在山西运城讲学后与女儿合影

2003 年李今庸教授在整理资料

2004 年李今庸教授在为某中医机构题词

陈可冀

他是中国科学院院士，他创新了病证结合的临床诊疗模式；
倡导气血辨证与八纲辨证互参；善用活血化瘀，兼容其他治法；
明确提出"三通"和"两补"治疗冠心病心绞痛的临证思想；创
立了愈梗通瘀汤、清眩降压方等方剂，临床疗效显著。

陈可冀，男，1930年10月生，福建福州人，中共党员，大学本科学历，香港浸会大学及澳门科技大学荣誉博士，中国中医科学院首席研究员及终身研究员，主任医师，博士生导师，中国科学院院士。

第三批全国老中医药专家学术经验继承工作指导老师，第一批中医药传承博士后合作导师，享受国务院政府特殊津贴专家，2007年被评为国家级非物质文化遗产传统医学项目代表性传承人。中国科协荣誉委员，中华医学会及中国医师协会常务理事，中国药典委员会执委，中国中西医结合学会名誉会长，中国老年学学会名誉会长，中国医师协会中西医结合医师分会会长。北京大学医学部兼职教授，首都医科大学中西医结合学系学术委员会主任，世界中医药学会联合会高级专家顾问委员会主席。Chinese Medical Journal（中华医学杂志英文版），《中华心血管病杂志》及《中华老年医学杂志》顾问；《中国中西医结合杂志》及 Chinese Journal of Integrative Medicine 杂志主编，eCAM（ Evidence-Based Complementary and Alternative Medicine ）杂志心血管专栏特邀主编。曾任中国科学院生物学部副主任（1993-2001），中国科学院学部主席团成员（2004-2008），世界卫生组织传统医学顾问（1979-2009）。获首届立夫中医药学术奖（1994）；国家科技进步奖一等奖（"血瘀证与活血化瘀研究"，2003），二等奖（"证效动力学研究"，2001）；求是科技奖（2001）；何梁何利科技进步奖（2002）；世界中医药联合会首届中医药国际贡献奖（2007）；吴阶平医学奖（2009）等奖项。

1956年4月他奉调到中国中医研究院，师从名老中医冉雪峰及岳美中教授，精研中医典籍及国学文化。参加北京市在职西医学习中医班并获一等奖，系统聆听了岳美中、刘渡舟、陈慎吾、朱颜、陈苏生、蒲辅周等老中医的教诲，学术有渊源。学习和融汇各家之长，临床中经方、古方、时方并用，擅长治疗内科疾病。临诊时厚古而不薄今，并融汇中西，注重辨病与辨证相结合，创新了病证结合的临床诊疗模式；倡导辨证论治与专病专方相结合；重视气血相关理论，倡导气血辨证与八纲辨证互参；善用活血化瘀，兼容其他治法；明确提出"三通"（活血化瘀、芳香温通、通阳宣痹）和"两补"（补益气血、补益脾肾）治疗冠心病心绞痛的临证思想；创立了愈梗通瘀汤、清眩降压方、新补心丹、温通复脉汤等方剂，临床疗效显著。2006年被中华中医药学会授予首届中医药传承特别贡献奖。

20世纪50年代后期以冠心病为突破口，开展了"血瘀证与活血化瘀研究"，在国内率先建立了"血瘀证诊断标准"和"冠心病血瘀证诊断与疗效评价标准"，成为国家行业标准，并得到国际的认可。首倡以活血化瘀为主治疗冠心病，使有效率从以往的70%提高至88%左右；国内率先以活血化瘀方药预防冠心病介入治疗后再狭窄，使再狭窄率及心绞痛复发率下降50%左右。成功研发了"冠心Ⅱ号"、精制冠心片、精制冠心颗粒、川芎嗪、芎芍胶囊、愈心痛胶囊、宽胸气雾剂等30余种新药，推动了中药现代化进程。其基础研究从整体、细胞和基因蛋白表达分子水平科学阐释了活血化瘀治疗冠心病的作用机理，阐明了血瘀证实质。将活血化瘀的适用范围扩大到临床各科，显著提高了临床疗效，被学术界誉为"活血化瘀"流派。

1980年起倡议并主持整理清代宫廷原始医药档案3万余件，填补了清代宫廷中医传统临床经验继承的空白，获古籍整理金奖，并对其中的名方（寿桃丸及平安丹等）进行科学研究，已获推广应用。

1978年整理出版了《岳美中老中医治疗老年病的经验》，在国内率先对宋代老年医学专著《养老奉亲书》进行订正评注并出版，组织编写《中国传统老年医学文献精华》，对传承和发展中国传统老年医药学起到重要作用。20世纪末被推选为中国老年学学会会长，提出《老龄化中国：问题与对策》建议，得到时任国务院副总理李岚清的重视和批复。

陈可冀教授与领导和医学同仁合影

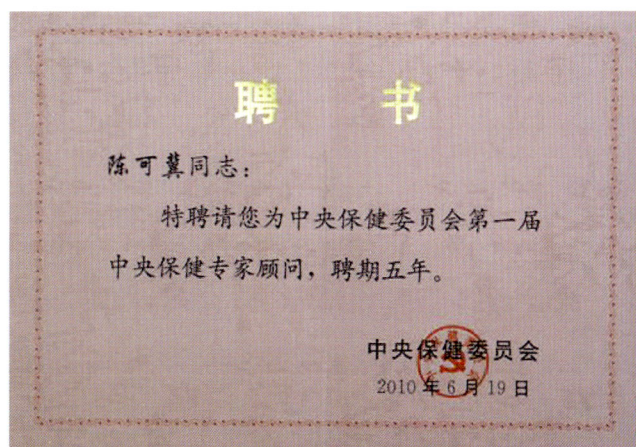

聘 书

陈可冀同志：

　　特聘请您为中央保健委员会第一届
中央保健专家顾问，聘期五年。

中央保健委员会

2010年6月19日

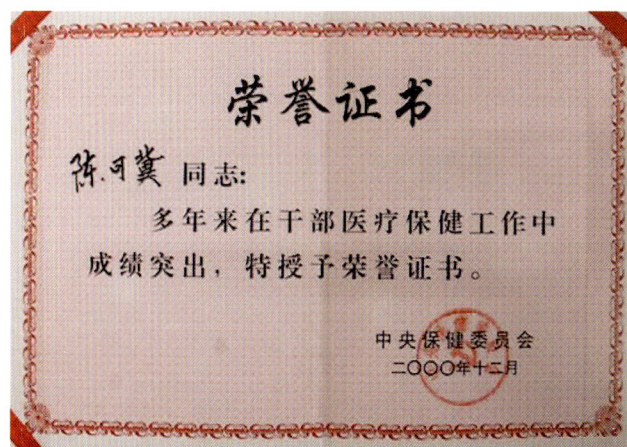

荣誉证书

陈可冀同志：

　　多年来在干部医疗保健工作中
成绩突出，特授予荣誉证书。

中央保健委员会

二〇〇〇年十二月

1956 年 4 月陈可冀教授与夫人陈维养医师合影

陈可冀教授 1961 年陪同梁漱溟、岳美中教授参加在厦门召开的中医辨证论治学术会议

陈可冀教授跟随名医冉雪峰、岳美中、蒲辅周临证随诊学习中医

1983 年陈可冀教授在马尼拉出席世界卫生组织科学研究会议

现任中国中医科学院首席研究员
及终身研究员

获世界文化理事会爱因斯坦奖状
(1989) 及首届立夫中医药学术奖
(1994, 台北)

2008 年陈可冀教授被授予
国家级非物质文化遗产 (传
统医药项目) 代表性传承人

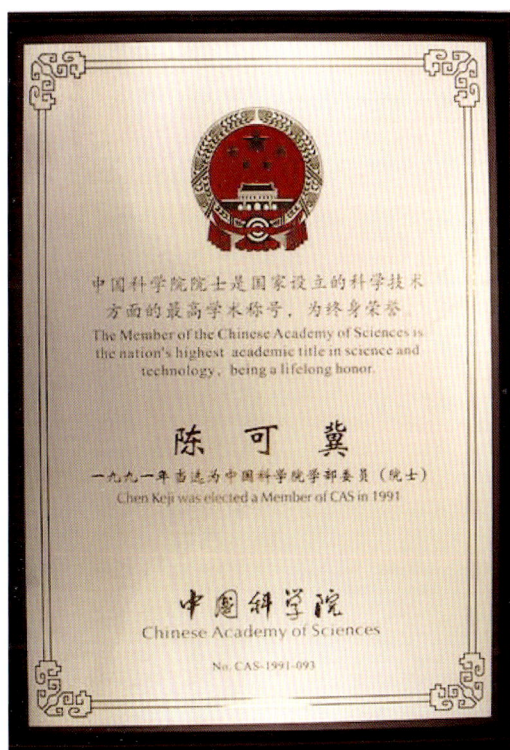

1991 年 11 月陈可冀教授当选为中国科学院学部委员 (院士), 并先后任中国科学
院生物学部副主任 (2004-2008), 中国科学院学部主席团成员 (2004-2008)

2000 年陈可冀教授与杨乐院士出席全国政协九届三次会议

2007 年世界中医药学会联合会授予陈可冀等 3 人首届中医药国际贡献奖

陈可冀教授先后受邀到美、英、日、法、东北亚、东南亚讲学，被授予香港浸会大学及澳门科技大学荣誉博士学位

陈可冀院士团队

陈可冀教授与溥杰先生（中）讨论清代宫廷原始医药档案研究时留影

原卫生部部长陈竺为陈可冀教授颁发证书

1999 年陈可冀教授聘任为北京大学中国文化书院导师，图为季羡林先生赠书时留影

陈可冀教授主持"血瘀证与活血化瘀研究"项目历时 40 年，其成果获 2003 年度国家科技进步奖一等奖

金世元

　　他倡导在中医辨证施治的基础上合理使用中成药，对中成药的处方来源、历史衍变、药物组成、配伍意义、功效特点等方面都有独到见解，擅长相似中成药的鉴别应用。他强调精湛医术与优良调剂技术的相互结合，对已濒临失传的传统 "一口印"调剂技术更是技艺精湛。

　　金世元，男，1926 年 12 月生，北京人，中共党员，主任药师，传承博士后合作导师，从事中医药工作 74 年。

　　中华中医药学会终身理事，中国中药协会常务理事，国家科技部秘密技术中医中药审查专家，国家基本药物评审专家，第一、二、五批全国老中医药专家学术经验继承工作指导老师，第一批中医药传承博士后合作导师，享受国务院政府特殊津贴专家。

　　1985 年被北京市评为"自学成才"标兵；1988 年被北京市政府评为"有突出贡献专家"；1989 年获北京市教学成果二等奖；2007 年被评为国家级非物质文化遗产"中药炮制技术"代表性传承人；2007 年获得国家中医药管理局"全国老中医药专家学术经验继承工作优秀指导教师"；2008 年获得北京市"首都国医名师"称号；2012 年获文化部"传薪奖"。

　　金世元出生于普通农民家庭，少时攻读四书五经。1940 年到北京复有药庄学徒。同年被选送到北京市公共卫生局主办的"北京市中药讲习所"，系统学习中医药学知识，师从中医名宿汪逢春、赵树屏等。1956 年公私合营时，在北京市药材公司参加工作。1957 年以优异成绩通过北京市卫生局举办的中医师资格考试，获得了中医师开业执照，但未弃药从医。1961 年调入北京卫生学校，创建中药专业，从教 30 余年，培养了千余名中药专业人才。

　　金世元善于学习、注重实践、勤于总结。形成了以"医药圆融、源于实践"为特色的学术思想，积累了丰富的实践经验。中药鉴定方面，经验丰富，见解独到。深入药材产地调查药源，尤对道地药材的鉴别与质量评价见解独到，技艺纯熟。中药炮制方面，深得古法，技术精湛。对中药炮制与临床疗效的关系方面的研究颇有见地，全面掌握各类传统炮制技法，尤对北京特色中药炮制品种及工艺了如指掌。中成药合理使用方面，理论深厚，成果丰硕。他倡导在中医辨证施治的基础上合理使用中成药，对中成药的处方来源、历史衍变、药物组成、配伍意义、功效特点等方面都有独到见解，擅长相似中成药的鉴别应用。中药调剂方面，质量为先，技艺纯熟。强调精湛医术与优良调剂技术的相互结合，对已濒临失传的传统"一口印"调剂技术更是技艺精湛。

他独立发表学术论文70余篇。主编、参编著作20余部，其专著有《中成药的合理使用》《药道致诚》两部书籍。主编《中药炮制学》（全国中等中医药学校统编教材）、《金世元中药传统鉴别经验》、《中药饮片炮制研究与临床应用》等，参编《中华本草》、《中药大全》、《中药材大辞典》等。

在科研方面，他根据自己多年临床治疗支气管炎的有效处方，研制开发出"射麻口服液"与北京同仁堂合作将著名成药"乌鸡白凤丸"改成口服液，均已被原卫生部批准正式投入市场。

在学术思想传承方面，桃李满园、成效显著。他的弟子遍布医疗、科研、教学、生产、经营等多个领域。1990年起共带徒6名。2012年，与王永炎院士合作担任"医药圆融"导师，共收博士及博士后9人。2013年被国家中医药管理局遴选为传承博士后合作导师，带博士后1人。

金世元多次向国家有关部门献计献策，他撰写的"关于中成药组方和生产的几项建议"受到原卫生部的重视和采纳，对于澄清中成药生产的混乱现象，保证用药安全起到积极的促进作用。1995年至1998年，被聘为中药鉴定专家，参与全国中药材市场整顿工作。

金世元从事中医药工作70余年，热爱祖国、忠于事业、崇尚医德、恪守药德；学术成果丰硕，学术传承成效显著，广受业内赞誉，为中医药事业的传承、发展作出了积极贡献。

1979 年金世元教授在北京市
昌平县下口上山采药时留影

1965 年，金世元教授
为学生授课

1986 年金世元教授在查阅资料

1985 年金世元教授在北京市密云县雾灵山指导药农

1992 年金世元教授在安徽省亳州牡丹基地指导药农种植

1994 年金世元教授在河南百泉中药材市场留影

2004 年金世元教授在吉林省信安新开河人参基地考察

2000年金世元教授在云南迪庆自治州鉴别凉山虫草

2008年"国家级非物质文化遗产"表彰会上，李大宁为金世元教授颁奖

2008年5月金世元教授
与吴仪、王国强在颁奖
会上握手

2008 年 5 月金世元教授参加国家级非物质文化遗产授奖仪式

2009 年 6 月参加首都国医名师颁奖会

荣誉证书

2009 年首都国医名师颁奖会合影

2010 年金世元教授在北京卫生学校为中药专业学生做传统中药调剂操作讲座

2013 年金世元教授在北京同仁堂（亳州）饮片有限责任公司留影

2014 年金世元教授给学生讲课

他丰富和发展了温病学说，在中医内科急症、心病证治方面积极开展中西医结合探索，研究慢性肾病50多年，在重庆市有广泛影响力。

郑新，男，1925年5月生，河南省郏县人，中共党员，大学专科学历，重庆市中医院中西医结合主任医师。

1949年6月河南大学医学院肄业，1957年8月毕业于四川大学华西临床医学院，1961年8月国家卫生部第二届西医学习中医研究班结业，第三批全国老中医药专家学术经验继承工作指导老师，国家中医药管理局首批全国名老中医药专家传承工作室建设项目专家，成都中医药大学兼职教授，重庆市中医院国家临床重点专科（中医专业）肾病科学术带头人。

▶ 临床工作

郑新从在部队运用自己所学的医学知识为解放军战士医治伤病，到重返医学院校继续深造学习，再到习古诵经，传承国粹，长期坚守临床第一线，迄今已有60余载，他攻克中医急症，擅长诊治休克、心绞痛、心律失常，温病高热证，擅用中西两法治疗慢性肾脏疾病。他创建了重庆市中医院中医肾病专科，目前该科是国家中医药管理局"十一五"、"十二五"重点专科、国家临床重点专科（中医专业）、重庆市中医药重点学科。2010年，国家副主席习近平亲临肾病科视察工作。60多年来，经郑新诊治的患者多达数十万人次，遍布全国各地，海外华人也慕名前来求治。《中国中医药报》等多家媒体曾对他高尚的医德和精湛的医术作了详细报道。

▶ 学术思想

1. **发展和丰富了温病学说** 郑新热衷钻研岐黄之术，同著名中西医结合专家黄星垣一起，携手并肩，先后在中医内科急症、中医肾脏病证治等领域开展中西医结合探索，承古而不泥古，创新而不离经，善于从传统中医理论和经方中寻找切入点。一是创新了高热的"热毒学说"；二是开展了温热病防传杜变临床及机理研究；三是提出了"三关"（高热、伤阴、厥脱）学说，四是发展了"益气养心"治疗休克、冠心病、心律不齐的理论等，在临床中得到了广泛应用，取得了良好的疗效。有关成果多次获得四川省和重庆市政府科技、卫生部门的嘉奖。以黄星垣、郑新等一批专家学者创立的《中医急症通讯》（现《中国中医急症》）杂志成为全国中医急症领域的核心学术刊物。

2. **在慢性肾脏病的诊治和研究方面取得丰硕成果**　郑新以火把花根片治疗慢性肾炎为研究入口，充分运用中医药辨证施治理论，对慢性肾脏疾病进行了长达 50 余年的研究，先后研制出疗效独特的院内制剂肾病 I 号、肾病 II 号等，培养了一批中医肾病研究人才队伍，他提出的肾病三因论、肾病多瘀论、肾病"治未病"学术思想，祛邪扶正并重、扶正重在脾肾、衷中参西为我用等学术思想，对临床实践产生深远影响，课题《肾衰灵液全结肠灌洗治疗慢性肾功能衰竭的临床研究》获得了重庆市卫生局中医药科技成果三等奖。

▶ 学术传承

郑新是国家中医药管理局批准的全国老中医药专家学术经验继承指导老师，首批全国名老中医药专家传承工作室建设项目专家之一。88 岁高龄仍坚持教学查房，定期门诊及讲课，坚持点评医案，传授毕生学术思想及经验总结，他的学生多达 1000 余人。"郑新学术思想及临证经验研究"获重庆市卫生局中医药科技成果二等奖。

▶ 科研成果

郑新著述颇丰，先后撰写论文 50 余篇，其中获奖论文近 10 篇，参编论著 7 部，开展厅局级科研近 10 项，指导学术继承团队科研 5 项；获得四川省科学技术协会、四川省卫生厅、重庆市科学技术协会及重庆市中医管理局等科技成果奖 14 项。

▶ 社会参与

郑新曾任《中医研究》首届编委及顾问、中国中西医结合学会四川分会理事、中国中西医结合研究会重庆分会理事、重庆市医学会医疗事故技术鉴定专家库成员、成都中医药大学兼职教授。

郑新和中医界老前辈提出将原重庆市第一中医院、第二中医院合并重新建立重庆市中医院，储备中医优秀人才等建议得到有关行政部门的采纳。

1984 年郑新教授参加第五期全国中医内科急症进修班（第一排左四）

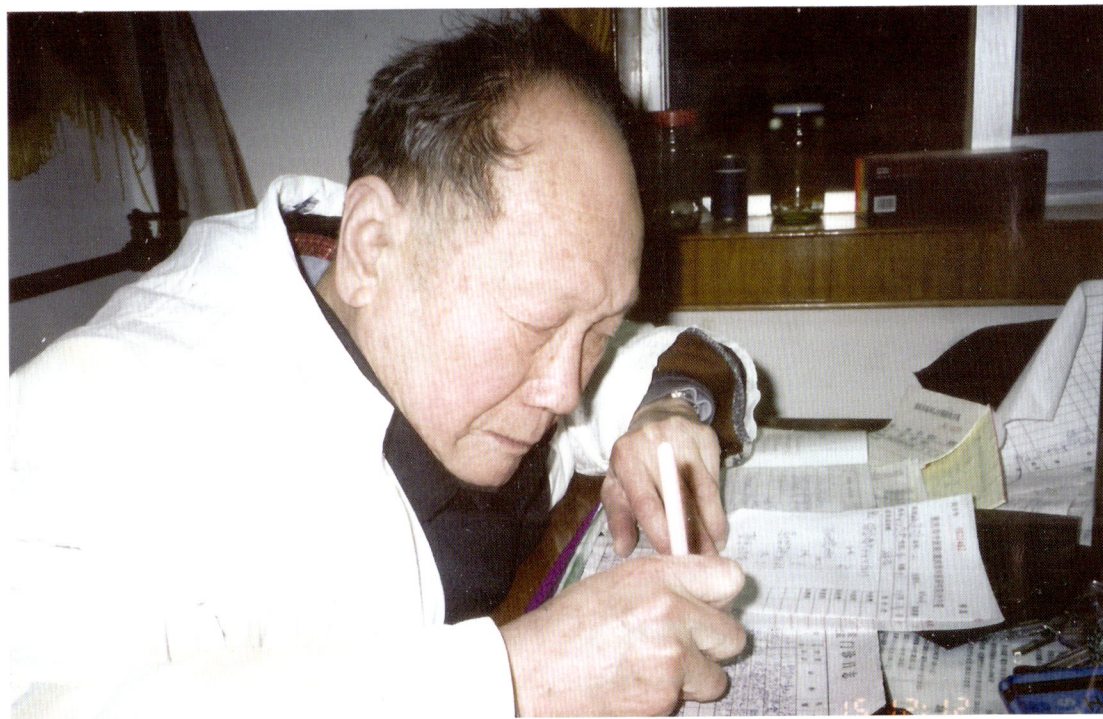

郑新教授为病人开处方

1970年郑新教授主持内2科病历讨论（左一）

1970年郑新教授参与火把花根片治疗慢性肾炎研究会（第二排右五）

1970 年郑新教授在学术中心讲课留影

1985 年郑新教授到南京中医学院开会学习

1970 年郑新教授与名老中医徐有玲合影

1995 年郑新教授在重庆市中医院建院 10 周年发表学术演讲

2000 年郑新教授在查房时跟病人探讨新治疗方案

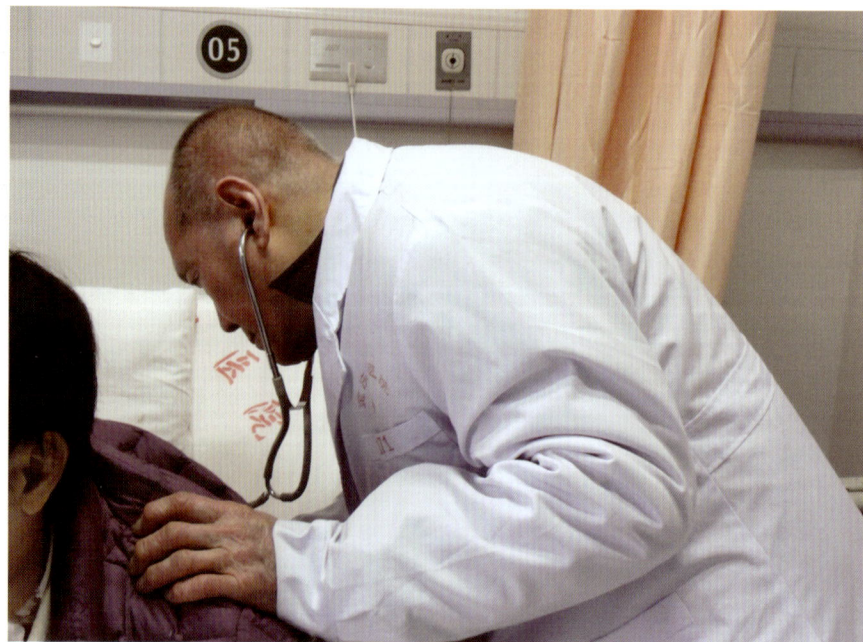

2010 年郑新教授在查房

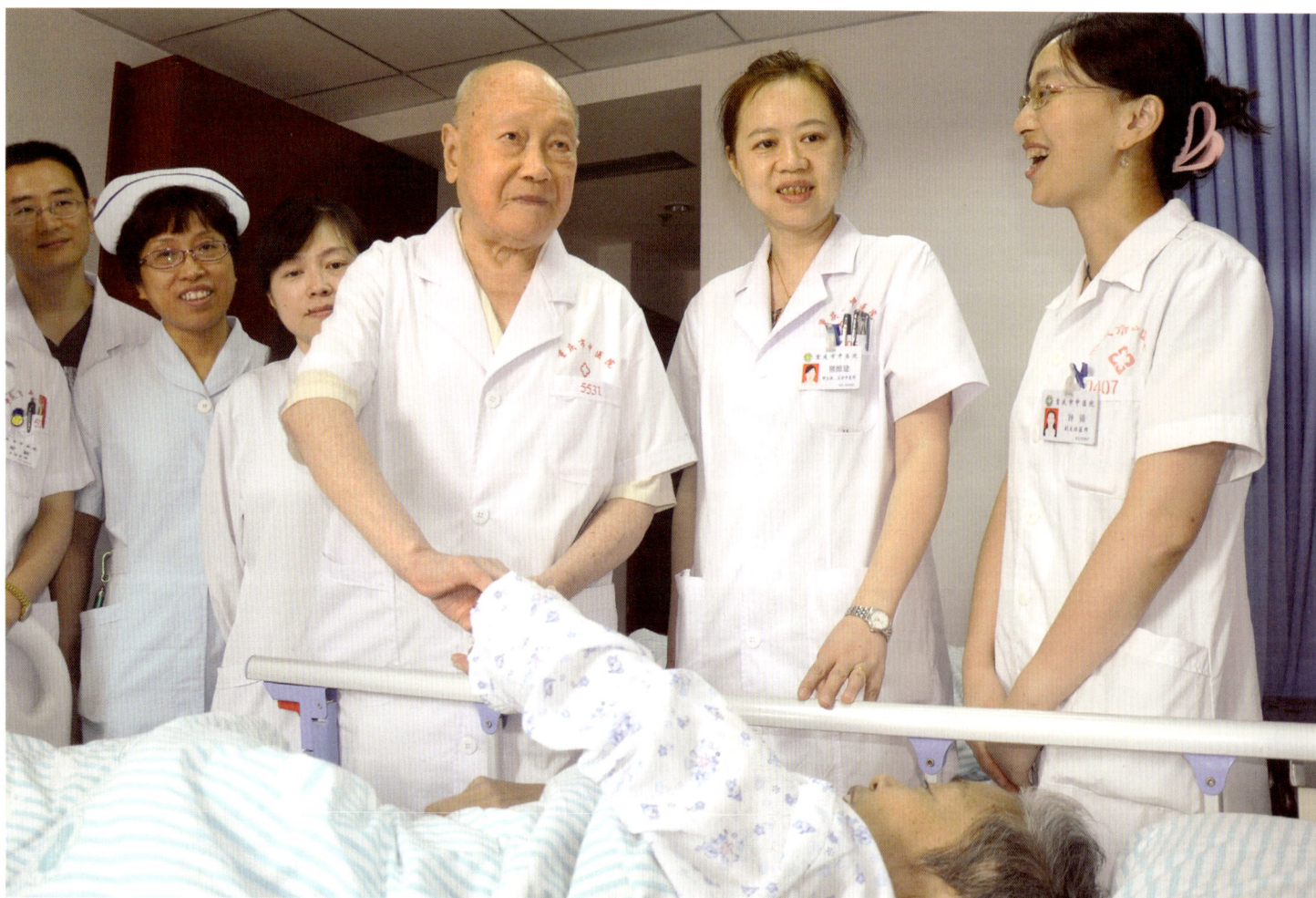

2014 年郑新教授在病房为血透病人扪及内瘘情况

2014年郑新教授和学术经验继承人

2014年郑新教授在接受媒体采访

尚德俊

他研制创用了四虫丸（虫类药物）用于临床，并相继创用活血通脉片、通脉安等系列药品，治疗外科疾病和周围血管疾病；他创立了我国中西医结合周围血管疾病学、中西医结合周围血管疾病辨证论治原则和整体疗法。

尚德俊，男，1932 年 3 月生，中共党员，大学学历，山东中医药大学教授、山东省中医院外科主任、主任医师。

1955 年 9 月毕业于山东医学院医学专业，全国政协第五、第六、第七、第八届委员，中国中西医结合学会周围血管专业委员会主任委员，山东省中医学会常务理事，山东省中医药学会外科专业委员会名誉主任委员，山东省中医药学会周围血管疾病专业委员会顾问，山东医药编辑委员会常委，享受国务院政府特殊津贴专家。1959 年荣获卫生部颁发的金质奖章和证书，1978 年被评为全国医学科研先进工作者，1988 年被评为山东省优秀科技工作者，1997 年 1 月被确定为全国老中医药专家学术经验继承工作指导老师，2003 年被评为山东省名中医药专家。

▶ 临床工作

20 世纪 60 年代，尚德俊积极探索中医治疗血栓闭塞性脉管炎等疾病，首先研制创用了四虫丸（虫类药物）用于临床，并相继创用活血通脉片、通脉安等系列药品，治疗外科疾病和周围血管疾病，积累了比较成熟的经验。中西医结合治疗血栓闭塞性脉管炎取得了临床治愈率 46.4%，总有效率 87.0% 的显著疗效，同时，截肢率下降为 9.5%，在提高疗效和降低截肢率，以及促进创口愈合方面均取得重要研究成果。

1971 年受原卫生部委托，组织并主持召开全国中西医结合治疗血栓闭塞性脉管炎经验交流会议，在大会上报告血栓闭塞性脉管炎治疗经验，并主编《血栓闭塞性脉管炎防治手册》，对全国开展血栓闭塞性脉管炎治疗研究起到了推动作用。在 1978 年全国科学大会上"中西医结合治疗血栓闭塞性脉管炎"荣获国家一级成果奖，尚德俊被授予全国医学科研先进工作者称号。

根据中医异病同治理论和周围血管疾病均有血瘀证表现特点，在国内率先把研究领域扩大到更多的周围血管疾病。1979 年，在我国首次编著出版《周围血管疾病证治》一书，总结周围血管疾病治疗法则和辨证论治规律。1980 年，率先在全国主持召开了有全国主要学者参加的山东省中西医结合治疗周围血管疾病学术会议，对我国周围血管疾病事业发展产生了较大影响，从而结束了我国经历 20 年血栓闭塞性脉管炎单病研究的时代。

根据我国传统医学血瘀证和异病同治理论，以证带病，提出了中西医结合、血瘀证和活血化瘀疗法、辨病与辨证、微观与宏观辨证、同病异治和异病同治、临床观察和实验研究等观点、方法、理论，创立了我国中西医结合周围血管疾病学、中西医结合周围血管疾病辨证论治原则和整体疗法。

对外科血瘀证进行系统研究和总结，创立了外科血瘀证学和外科疾病瘀血理论，发展了"瘀血"理论。对传统医学外科外治疗法也进行了系统地整理和研究。

1980 年首先提出组建全国中西医结合治疗周围血管疾病学术组织的设想，在全国政协会议提案，积极参与创建全国周围血管疾病学会的工作，是中国中西医结合学会周围血管疾病专业委员会的最早负责人之一，担任全国专业委员会副主任和主任委员 16 年。

尚德俊有远见卓识的学术思想、深厚的医学理论基础、敏锐的中西医结合观点和严肃的科学作风，出版《外科血瘀症学》等学术专著 14 部，发表学术论文近 80 篇。

他先后为周围血管疾病学科培养了一大批优秀人才和学术带头人，为中医外科学科和医院科室建设奠定了基础和学术地位，也为促进这一新兴学科的健康发展作出了重要贡献。

1986年尚德俊教授在山东省济南市趵突泉畔

1990年尚德俊教授在河南省济源市出生地窑洞

1999年尚德俊教授在河南省洛阳市龙门石窟

2000年尚德俊教授在河南省郑州市黄河边

1994 年尚德俊教授参加全国政协八届二次会议期间与山东医科大学王天铎教授合影

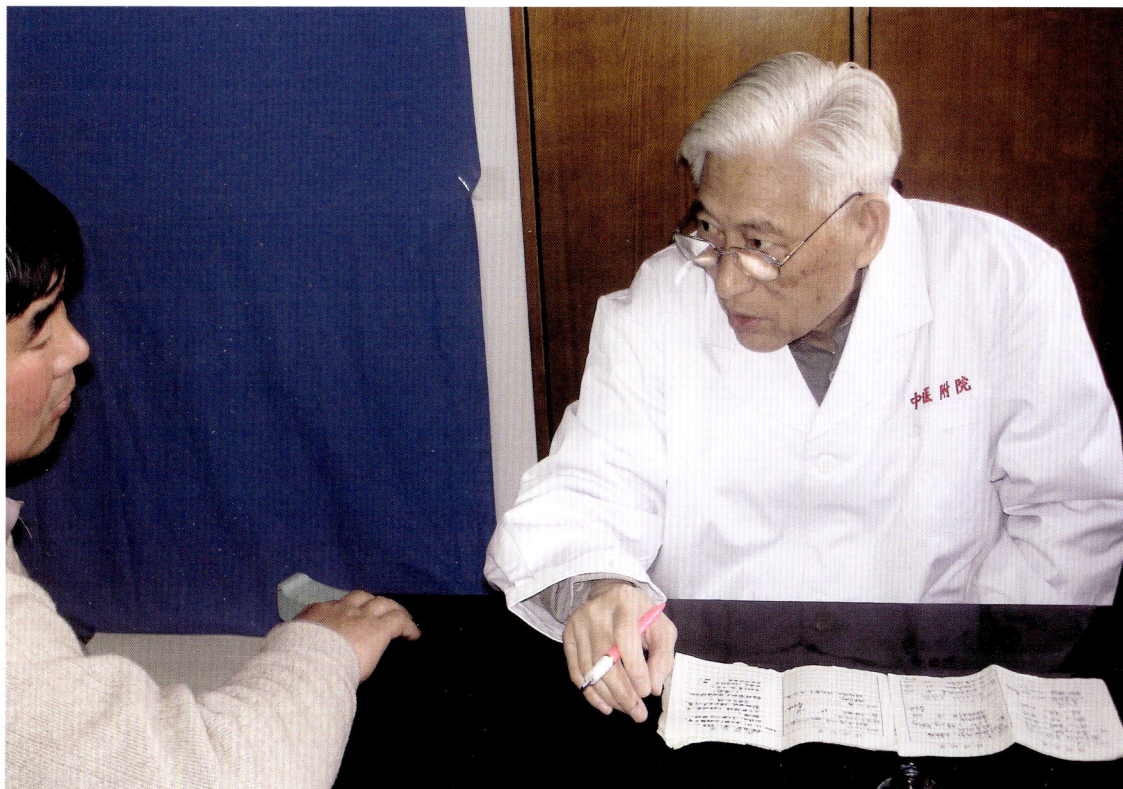

2005 年尚德俊教授为门诊患者诊病

2005 年尚德俊教授在济南市章丘百脉泉畔

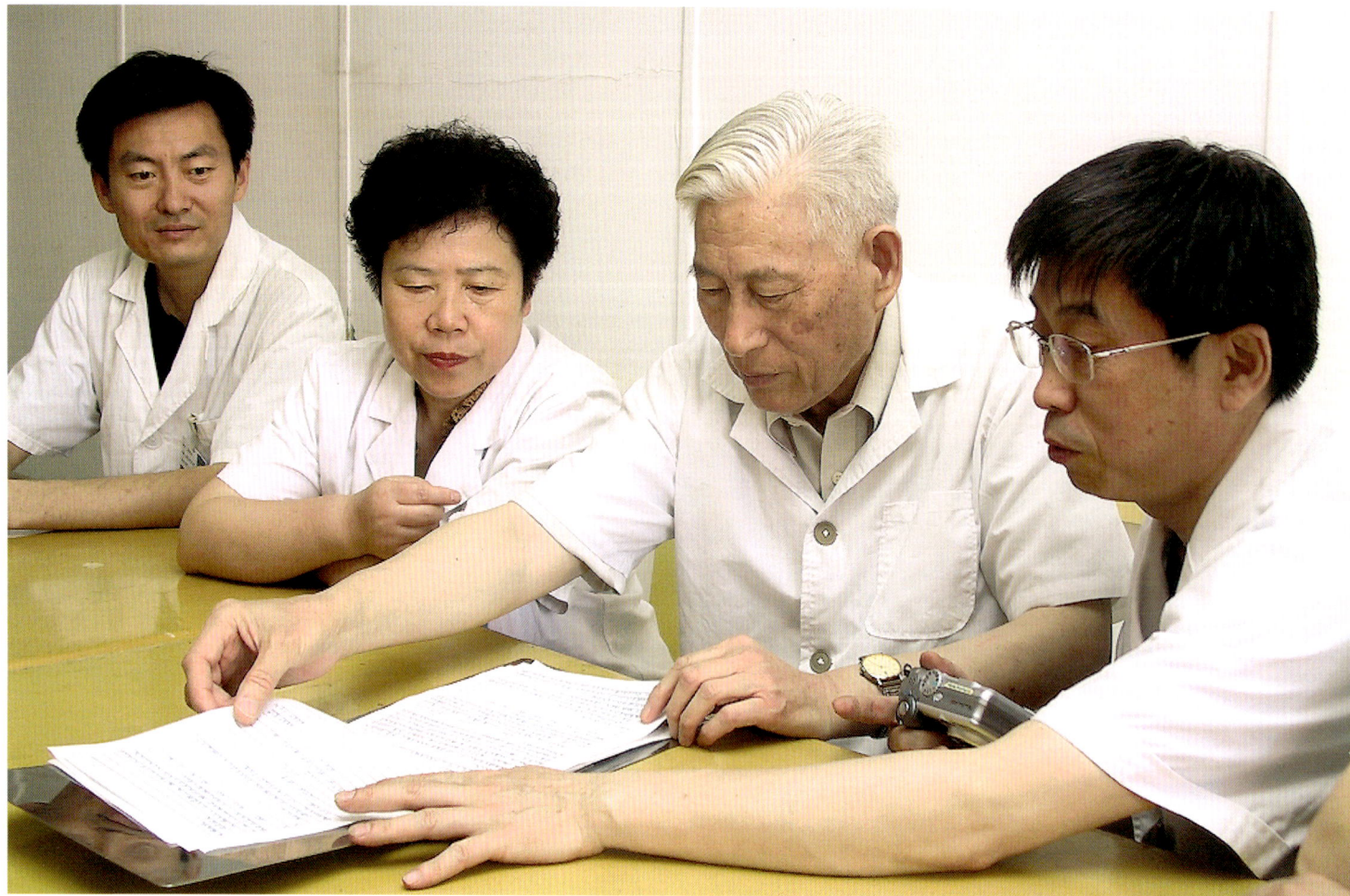

2006 年尚德俊教授为弟子们讲解疑难病例

2006 年尚德俊教授带领弟子们查房示教

2008 年尚德俊教授与白求恩医科大学王嘉桔教授合影

2008 年尚德俊教授与国家"十一五"科技支撑项目课题组部分成员合影

2009 年尚德俊教授在河南省洛阳市中心医院指导临床治疗

2013 年尚德俊教授在山东中医药大学附属医院"大师风范,薪火相传"名医讲堂讲课

洪广祥

他创建了全国首个中医呼吸病研究所；形成"痰瘀伏肺"为哮喘发病的宿根等独特的学术思想体系；提出"以育人为中心，一手抓合格人才培养，一手抓经济自我发展"，构建了经济欠发达地区中医药院校产学研结合办学模式。

洪广祥，男，1938年12月生，江西中医药大学教授、主任中医师、博士生导师。

1956年8月参加工作，从事中医药工作58年。江西省名中医，第一、第四批全国老中医药专家学术经验继承工作指导老师，享受国务院政府特殊津贴专家。著名中医肺系病专家，创建了全国首个中医呼吸病研究所。

曾任江西中医学院（现江西中医药大学）副院长、党委书记。先后担任国家中医药管理局中医呼吸内科学术带头人、江西省科学技术进步奖评审委员会副主任委员、中华中医药学会理事及肺系病专业委员会第一副主任委员、江西省中医药学会副会长及内科学会主任委员、中华中医药学会科学进步奖评审专家。

▶ 学术思想及传承

从医近60年来，洪广祥创造性地形成了自己独特的思想体系和临床风格，其代表性的创新学术思想和观点有："痰瘀伏肺"为哮喘发病的宿根；哮喘发病的"三因学说"；全程温法防治哮病；"治肺不远温"；"宗气不足"是慢性阻塞性肺病发生、发展的关键因素等。此外，他的临床经验也非常独到。如补虚泻实为治疗慢阻肺的全程治则；"肺心病重在治肺，而不在治心"；"以补助攻，留人治病"治疗晚期肺癌；"肺系、胃系、肝的气机逆乱是慢性咳嗽的中心环节"；宣散透热是外感发热的重要治法；"湿热余邪未尽，肝郁脾肾气血虚是慢性肝炎的基本病机"等。依据上述学术观点及临床经验，他独创了许多颇有疗效的经验方。如蠲哮汤、益气温阳护卫汤、丹赤紫草汤、补元汤、复方参蛤片、蛭散胶囊、温肺煎、寒咳宁、清咽利窍汤、干咳宁、窍痒煎、咳喘固本冲剂等。

洪广祥先后培养了硕士、博士研究生20名，国家级中医高徒4名。其弟子现都已相继成为业务骨干，其中三级医院院领导3名，博士生导师2名，省级名中医2名，国家级重点专科学科带头人2名，全国优秀中医临床人才1人，科主任6名。

▶ 论文论著、科研成果及获奖情况

先后发表论文 100 余篇,著有《中国现代百名中医临床家·洪广祥》等 6 部专著并参编 10 余部著作。获国家发明专利授权 3 项;国家三类中药新药证书 2 项（冬菀止咳颗粒、蠲哮片）。其中,蠲哮片获中国发明协会和香港国际华人发明博览会金奖。获国务院政府特殊津贴、国家科技进步三等奖等国家及省市奖励 12 项。

▶ 社会活动

1. **主政中医药大学**　他担任江西中医学院副院长、党委书记期间,在全国高校率先提出"坚持以育人为中心,一手抓合格人才培养,一手抓经济自我发展"的办学思想,构建了经济欠发达地区中医药院校自我发展的产学研结合新办学模式,为江西经济发展作出了突出贡献。与此同时,提出了开放办学的思路,与欧洲中医联合会建立长期合作关系,实行联合办学,为推动中医国际化作出努力。

2. **推动校办企业快速发展**　在他主政期间,隶属江西中医学院的江中制药厂实现了两次腾飞。1994 年在全国工业企业 500 强中位居 304 位,经济效益在中药制药行业和江西省工业企业排名中双双名列第一。1998 年 2 月,江中制药厂博士后科研工作站挂牌,在全国率先实现中药企业产学研结合。其中复方草珊瑚含片、健胃消食片、蚓激酶等产品取得了令人瞩目的经济效益。江中制药累计上缴学校经费逾 10 亿元。至今,他还担任江中集团中医药专家委员会主任,指导集团新产品的研发。

▶ 献计献策

在担任江西省人大常委、教科文卫委副主任委员期间,他积极推动了中医药立法——《江西中医发展条例》的实施。争取到了省委、省政府、省人大、省政协对《条例》形成的支持;积极组织调研、座谈、讨论,带队前往多个省区调研,使《条例》更具指导性;积极组织审议,使《条例》于 1999 年经江西省第九届人大常委会第十七次全会审议通过并实施,成为全国较早实施的地方性中医法规。使中医工作有法可依,有力促进了中医药事业的健康发展。

2012.09

江中集团
JZJT

江中集团董事长钟虹光为洪广祥教授颁发杰出贡献奖

洪广祥教授代表学校与北京中医药大学签署联合办学协议

1997 年洪广祥教授在
马来西亚讲学时留影

2005 年洪广祥教授与国医大师朱良春探讨中医

洪广祥教授在门诊为患者看病

1991 年洪广祥教授到
欧洲中医药联合会访
问讲学（法国）

1993 年洪广祥教授
在英国讲学时留影

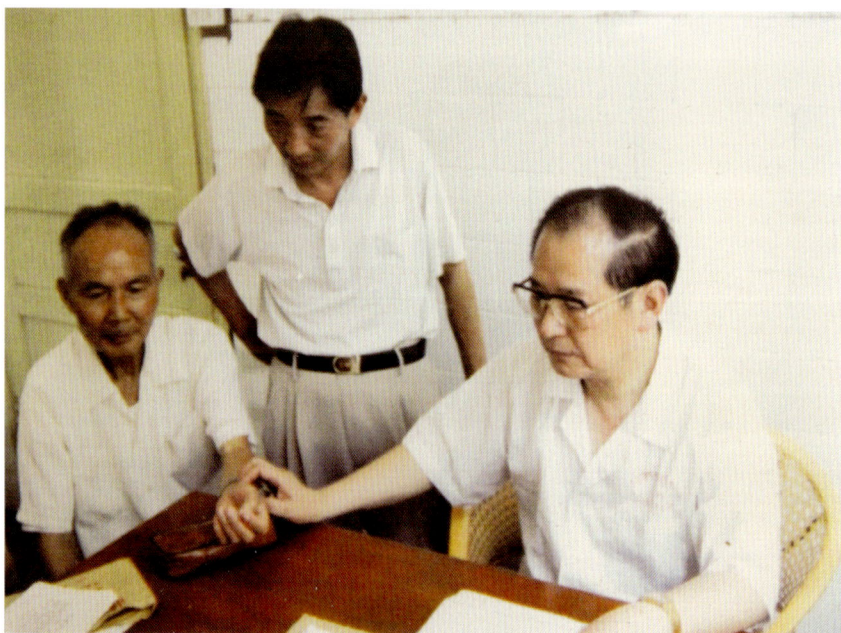

洪广祥教授诊查门诊患者

2013 年洪广祥教授与女儿合影

2013 年洪广祥教授与女儿及亲戚合影

段富津

他连任四批全国老中医药专家学术经验继承工作指导老师，获评首届国家级教学名师。他善用经方治愈疑难杂症，医德高尚，提出"正气运药"，首创"药力判定公式"，带动黑龙江省中医药大学方剂学科成为国家级重点学科。

段富津，男，1930 年 12 月生，吉林怀德人，中共党员，教授，博士生导师，博士后合作导师。

1987 年当选全国方剂学委员会第一副主任，1989、1992 年被卫生部聘为第二、三届国家药品审评委员，1992 年被教育部聘为国家中医药类规划教材编委会委员、《方剂学》主编，第二、三、四、五批全国老中医药专家学术经验继承工作指导老师并获特别贡献奖，享受国务院政府特殊津贴。1989 年被教育部评为全国优秀教师，1991 年被国家中医药管理局聘为方剂重点学科带头人，1994 年被黑龙江省中医药管理局评为名老中医，2001 年被中国教育工会评为全国师德先进个人，2003 年获教育部国家级教学名师奖。

1. 他中医理论娴熟，医术精湛，精于辨证论治，善用经方。行医 63 年，治愈无数疑难杂症，擅长治疗胸痹心痛。对心力衰竭、肾功不全、糖尿病、肺心病、肺纤维化、感染性疾病、过敏性疾病、中风瘫痪、脊髓空洞症、风湿病等疗效显著。他声名远播，前来就诊的国内外患者应接不暇，常因额外加号而延长出诊时间，每半天接诊不低于六十人，年诊治量万人次以上。

他医德高尚，淡泊名利，"医乃仁术"是他的口头禅。他十分关心体贴病人，多数处方只用十味药左右，尽量减轻病人经济负担。除正常出诊外，还常在办公室为急需的患者义诊。他不但治病更治心，耐心指导患者在情志、生活、饮食等方面的调养。他坚持不让挂特诊专家号，仅此一项每年为患者节省百万元以上。曾有多家医院以重金请他出诊，都被婉言谢绝。他主动将国家级重点学科带头人的位置让给了他的接班人。他的高风亮节有口皆碑，在 81 岁高龄时，仍被评为学校"优秀共产党员标兵"。

2. 在学术思想上，他衷于辨证论治，特别注重正气，认为正气是维持生命的原动力。正气不仅能御邪，而且能祛邪，也能促进康复。特别是"正气运药"的学术思想，强调药物治病要依赖正气的运化而发挥功效。因此，在治疗上特别注重保护和恢复正气，注重调理脏腑功能。

在处方上，他十分强调配伍，配伍的核心是君臣佐使，君臣佐使的核心是药力的大小，药力的大小决定于药量。他首次明确提出"药量是标识药力的"，并首创药力判定公式：药力 = 药性 + 用量 + 配伍 + 用法。这种"唯药力论"思想强化了处方的严谨性，所以他用药精、疗效高。

3. 他学识渊博，授课深入浅出，生动形象，经典名言出口成诵，临床经验信手拈来。教学效果优异，他被评为首届国家级教学名师。他开创的教学法获国家级教学成果一等奖。

他老骥伏枥，始终坚持工作在一线，全心用在中医事业上，一心为他培育的方剂学科而拼搏。方剂学科已成为"国家级重点学科"、"国家级教学团队"、"全国教育系统先进集体"。这不足十名教师的教研室有国家级教学名师 2 名，全国优秀教师 3 名，享受国务院政府特殊津贴 2 名，全国老中医学术传承指导老师 3 名。他关心学生的生活和学习，尤其注重培养学生树立正确的人生观、价值观。现已培养博士后 12 名（其中有我国第一位中医学博士后）、博士生 48 名、硕士生 36 名。他们中有的已成为国家重点学科带头人、国家级教学名师、全国先进工作者、全国百名杰出青年中医、卫生部有突出贡献中青年专家、省名中医等，还有多人成为各级领导和学术骨干。

4. 出版学术著作 20 余部，发表学术论文 40 余篇，承担国家自然科学基金和省部级课题 4 项，获国家级教学成果一等奖 1 项，省科技进步二、三等奖 7 项，其他奖励多项。

5. 他多次向有关领导和主管部门提出建议。在省人大修改《中医条例》时，提出应允许医疗机构对经典方、经验方加工为传统制剂等。机构改革时联合省名老中医向省政府提出保留中医局的报告，以及中医科研应独立立项、评奖等。还向国家中医药管理局领导提出允许中医带徒、加强实习基地建设、保持中药质量等多项建议。

2011 年段富津教授在阅读期刊

1960 年 段富津教授全家福
（后排中间为段富津）

1976 年段富津教授在查阅资料

1978 年段富津教授参加全国中医学院《方剂学》四版教材定稿会

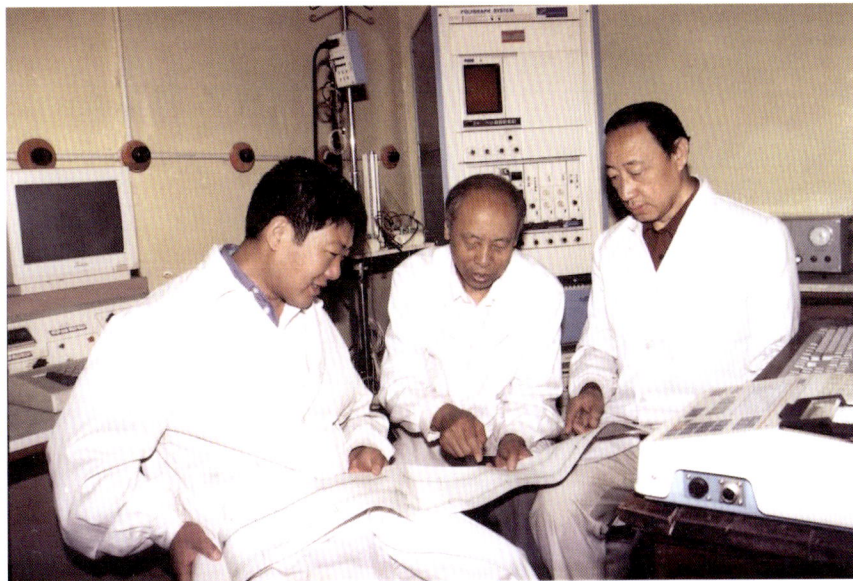

1996 年段富津教授在指导科研工作

1999 年段富津教授与学科、学术带头人探讨研究学科发展

段富津教授带领学科教师集体备课

2003 年段富津教授获第一届高等学校教学名师奖

2004 年段富津教授在办公室查阅资料

2009 年段富津教授传递第二十四届哈尔滨冬季大学生运动会圣火

2011 年段富津教授与夫人合影

2012 年段富津教授在给患者诊病

2014 年段富津教授参加博士学位论文答辩会

徐经世

他提出了"杂病因郁，治以安中"、"肝胆郁热，脾胃虚寒"病机理论等学术观点，为内科疑难杂症开辟新思路、新方法。他是徐氏内科第三代传人，将家传经验、家藏古籍，无私奉献给后人；筹设"忠恕"奖学金，激励后学。

徐经世，男，1933年1月生，安徽巢湖人，中共党员，安徽中医药大学教授、硕士生导师，主任医师。

1952年起跟随祖父学医、行医，为徐氏内科第三代传人。曾任中华中医药学会中医肝胆病专业委员会委员、安徽省中医药学会中医肝胆病专业委员会主任委员、安徽省中医药学会常务理事，第二、三、四、五批全国老中医药专家学术经验继承工作指导老师、全国优秀中医临床人才研修项目指导老师、第一批全国中医药传承博士后合作导师，享受安徽省政府特殊津贴。2013年被安徽省卫生厅评为"安徽省国医名师"。

▶ 学术底蕴深厚

徐氏出生于中医世家，受家学熏陶，自幼熟读《药性赋》、《汤头歌诀》、《医学三字经》等医学启蒙，后师从祖父徐恕甫先生学习《内经》、《伤寒论》、《金匮要略》等中医经典，系统研究历代方技之术。于《医学心悟》、《医宗金鉴》等医著用功尤勤，60余年未曾有辍，发新安医学八百年之积蕴，渊源有自，心悟独到。

▶ 理论建树独特

徐氏提出了"杂病因郁，治以安中"、"肝胆郁热，脾胃虚寒"病机理论和"痉非风"等学术观点；总结出"疏肝理气，条达木郁；补益肾水，清平相火；理脾和胃，和煦肝木；活血化瘀，燮理阴阳"的三十二字调肝法、"护脾而不碍脾，补脾而不滞脾，泄脾而不耗脾"和"补不峻补，温燥适度；益脾重理气，养胃用甘平"的调理脾胃"三原则、四要素"，为内科疑难杂症的临床诊疗开辟了新思路和新方法；其用药尚平和，注重双向调节，善用反佐和药对；研制"扶正安中汤"、"消化复宁汤"、"迪喘舒丸"等多个特效专方。

▶ 临床成就丰硕

在糖尿病、传染病、消化系统疾病、风湿病、妇儿科病、肿瘤等多种疾病的诊治上富有成效，为"国家中医临床研究基地重点病种——糖尿病、国家临床重点专科——中医传染病、国家中医药管理局重点学科——中医传染病"学术带头人。主持和指导国家级及省部级科研项目5项，获安徽省科技进步三等奖2项，科技成果2项。出版《徐经世内科临证精华》、《杏林拾穗－徐经世临床经验集粹》两部临床专著。临床用药精简，疗效显著，患者遍及国内外。今已年过八旬，仍坚持每周四天门诊及病房疑难病症的会诊，对待每一位病人、每一次处方遣药都一丝不苟、反复思虑，从不草率。

▶ 传承贡献突出

在学术传承上，将祖父徐恕甫遗著及自己经验所得，毫无保留地整理成册，公诸世人；将家藏孤版古籍医书无偿捐献给国家；筹设"忠恕"奖学金，激励后学。言传身教，孜孜不倦，培养出众多本科生、硕士、博士研究生、留学生、师承高徒等不同层次中医人才。2006年获中华中医药学会"中医药传承特别贡献奖"，2007年被国家中医药管理局授予"全国老中医药专家学术经验继承工作优秀指导老师"。

▶ 建言献策积极

高度关注中医药事业发展，多次积极建言献策，很多观点被省市政府所采纳，成为制订中医药政策和医疗改革的指导性意见，为安徽中医药事业发展作出巨大贡献。

▶ 社会声誉良好

长年承担安徽省委保健委会诊专家工作。2012年被国家中医药管理局授予"全国中医药系统创先争优活动先进个人"、被安徽省卫生厅授予"全省卫生系统创先争优先进个人"等称号。《安徽日报》、《健康报》、《中国中医药报》及安徽电视台等多家媒体都曾对其医德医术做专访。

徐经世从事临床工作60余年，潜心学术，不慕名利，德艺双馨，不事张扬，始终遵循"医德为本，病人至上"的业医准则，在中医理论、临床、科研及学术传承上建树颇多，为安徽中医药事业的发展作出突出贡献，为学者楷模，医者典范。

徐经世（左一）与其祖父及同学合影

同祖父徐恕甫及老师陈粹吾、高翰府等人合影。摄于 1964 年 5 月
左一：陈粹吾（安徽省卫生厅副厅长，安徽中医学院首任院长）
左二：郭兴福（徐经世先生同学）
左三：徐恕甫（安徽省中医研究所研究员，全国著名中医学家）
左四：徐经世（时年三十一岁）
左五：高翰府（安徽省中医研究所研究员，全国著名中医学家）

徐经世教授悉心为病人诊病。摄于 1992 年 9 月

2009 年教师节前夕，安徽省委副书记（现任安徽省政协主席）王明方同志来到徐经世教授家中亲切慰问

2009 年 9 月徐经世教授陪同国家卫生部副部长（现任国家卫生和计划生育委员会副主任）兼国家中医药管理局局长王国强同志视察安徽中医药大学第一附属医院"国家临床研究基地"建设情况

徐经世教授指导高徒陶永主任医师研读中医经典

安徽省委副书记（现任安徽省政协主席）王明方同志（左四）在安徽省政府副秘书长张武扬同志（左六）、安徽省教育厅厅长程艺同志（左一）、安徽中医药大学党委书记王大鹏同志（左五）、校长王键同志（左二）陪同下看望徐经世教授。摄于2009年9月

2011 年徐经世教授与"徐经世中医传承工作室"成员合影

2011 年 6 月徐经世教授参加全国名老中医—徐经世先生学术思想研讨会

2014 年徐经世教授向安徽中医药大学图书馆古籍部捐献家藏孤本医学书籍

2014 年徐经世教授为患者诊治疾病

郭诚杰

他擅用针刺治疗乳癖、中风后遗症等疾病，创立乳癖病辨病与辨证结合的诊断方法，提出"疏肝和胃，滋肝肾，调冲任"治疗乳癖病的学术思想和"肝火、肝郁、肝肾阴虚、气血双虚"的辨证分型；据此选配穴位的治疗方案被录入全国高等医药院校规划教材《针灸学》。

郭诚杰，男，1921年12月生，陕西富平人，中共党员、陕西中医学院针灸学主任医师、教授，硕士研究生导师。

1937年参加工作，1946年跟师学习中医，1949年毕业于西安秦岭中医学校后开始行医，1953年陕西省中医进修学校中医专业毕业。中华中医药学会终身理事，中国针灸学会针灸临床分会第二届委员会顾问，第一批全国老中医药专家学术经验继承工作指导老师，第一批中医药传承博士后合作导师，享受国务院政府特殊津贴。2010年被联合国教育科学文化组织确定为"人类非物质文化遗产"——中国针灸代表传承人之一，1960年被授予"陕西省先进工作者"，1982年被评为"陕西省劳动模范"，2008年被陕西省人事厅、省卫生厅、省中医药管理局评为"陕西省名老中医"。

郭诚杰始终坚持临床一线，处方、用药、选穴师古不泥，精心化裁，疗效显著。在针刺治疗乳癖（乳腺增生病）、中风后遗症、面瘫、癔症、失眠、痹症、月经不调等诸多疾病中积累了丰富的临床经验并形成了独特的理论和针刺手法。从20世纪70年代起，他深入街道、乡村、厂矿开展乳腺病普查，连续近30年，统计资料显示其发病率从1978年的8.4%上升到1999年的27.8%。为此，他借鉴张仲景调肝以治四脏的思想，创新性地提出"疏肝和胃，滋肝肾，调冲任"治疗乳癖病的学术思想；创立了乳癖病辨病与辨证结合的诊断方法，并提出乳癖病"肝火、肝郁、肝肾阴虚、气血双虚"的辨证分型；据此选配穴位的治疗方案疗效显著，被录入全国高等医药院校规划教材《针灸学》。成为国内外针刺治疗乳腺增生病的第一人。

他十分重视科学研究，在国内首创肌注雌二醇（E2）复制大鼠及家兔乳腺增生病动物模型的方法，在针刺治疗乳腺增生的机理、经络实质研究和针刺调节机体免疫研究方面取得丰硕成果。先后出版专著2部，主编全国高等学校中医药教材4部，主审3部，发表论文36篇；"针刺治疗乳腺增生的临床及机理研究"获1987年度全国（部级）中医药重大科技成果乙等奖、陕西省科技进步二等奖；"针刺与免疫学功能的研究"获陕西省1978年科学技术成果一等奖；"我国对经络实质的研究"获陕西省1979年科技成果二等奖；"针灸对小白鼠移植性乳腺癌抑制作用的研究"获1993年陕西省中医药科技成果二等奖；"针刺对E2所致大白鼠乳腺增生病疗效的实验观察"获1994年陕西省自然科学优秀论文三等奖；他发明的"乳腺增生治疗仪"获第四届国际科学与和平周"医疗保健卫生用品科技成果展金奖"。

他先后在全国近百所中医药机构讲学，曾受邀到日本弘扬国粹。从教以来，郭诚杰教授指导培养针灸人才2000余名，许多人成为国内外针灸界著名专家和学科带头人。国家"十一五"科技支撑计划"郭诚杰教授临床经验、学术思想研究"项目，"全国名老中医药专家郭诚杰传承工作室"在他的指导下卓有成效地开展，已建立6个郭诚杰乳腺病诊疗经验和技术推广应用辐射基地。

郭诚杰教授十分重视治未病，对养生保健颇有心得。虽93岁高龄，但精神矍铄、思维敏捷，自创的养生保健操和以"合理运动，肠中常清，起居有节，怡情宁心"的养生经验制作成科普节目，先后在中央电视台以及北京、陕西、河南等主流媒体多次播放；近几年，他根据颈椎病发病率逐年增高的现状，创制了一套"颈椎保健操"，免费向群众教授，已有千余名患者受益。

郭诚杰医德高尚，医术精湛，淡泊名利，谦和仙雅，从事医、教、研64年来，时时以患者为先，处处践行"大医精诚"。"为医必铸仁心，方能施仁术；术精勤，方可除疾病；诊治勿视贫富，勿欲名利，勿鄙视他医；人命千金，勿妄为之"的座右铭，正是他医者仁心的写照。他高深的理论见解、深厚的中医药功底、丰富的临床经验、高超的诊疗技术、显著的治疗效果和对中医药事业无限的热爱，成为患者、同道和晚辈心中的名医大家。

2014 年 6 月张伯礼院士到陕西中医学院附属医院名老中医工作室亲切慰问郭诚杰教授

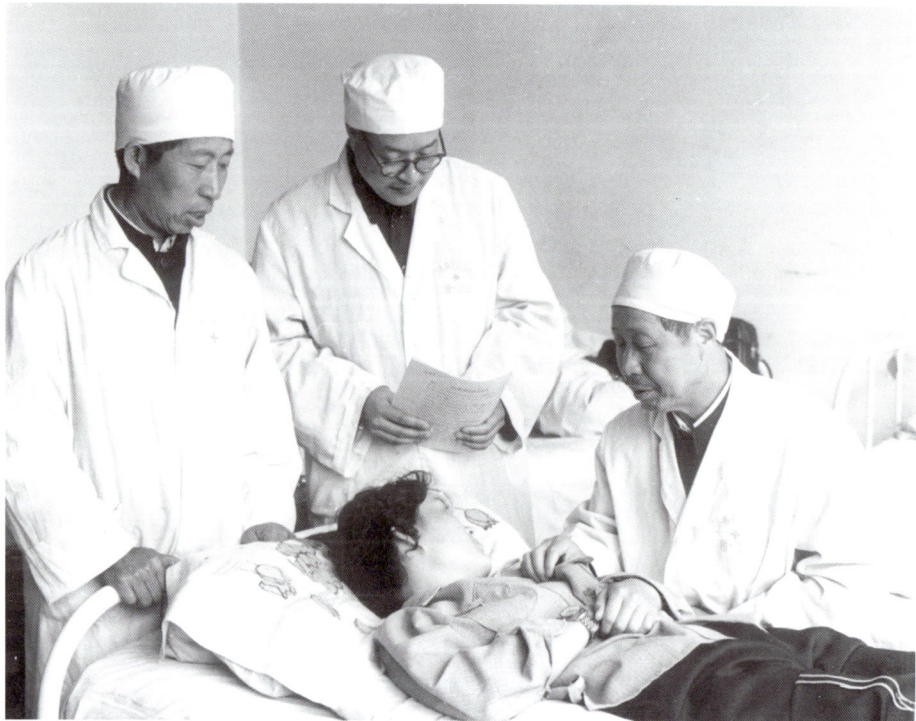

1962 年 9 月郭诚杰教授对其学生进行针灸教学示范

1977 年 4 月 郭诚杰教授在教研室备课

1979 年 5 月郭诚杰教授参加中华全
国中医学会成立暨首届学术会议，
并与陕西代表合影

1980 年 4 月郭诚杰教授应邀日本奈良进行针灸教学

1985 年 10 月郭诚杰教授在全国首届乳腺增生专病学习班开学典礼上讲话

1997年10月郭诚杰教授与其助手正在开展"微波治疗乳腺癌动物的实验研究"

1999年12月郭诚杰教授在讲座

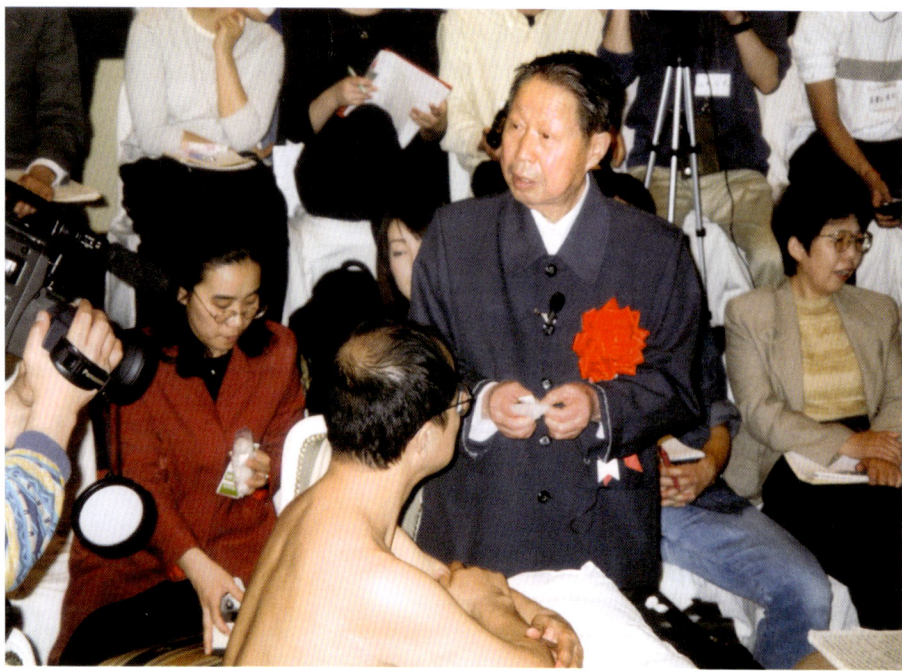

1998年4月郭诚杰教授正在示范讲课

2010年5月郭诚杰教授在奇石展上欣赏奇石

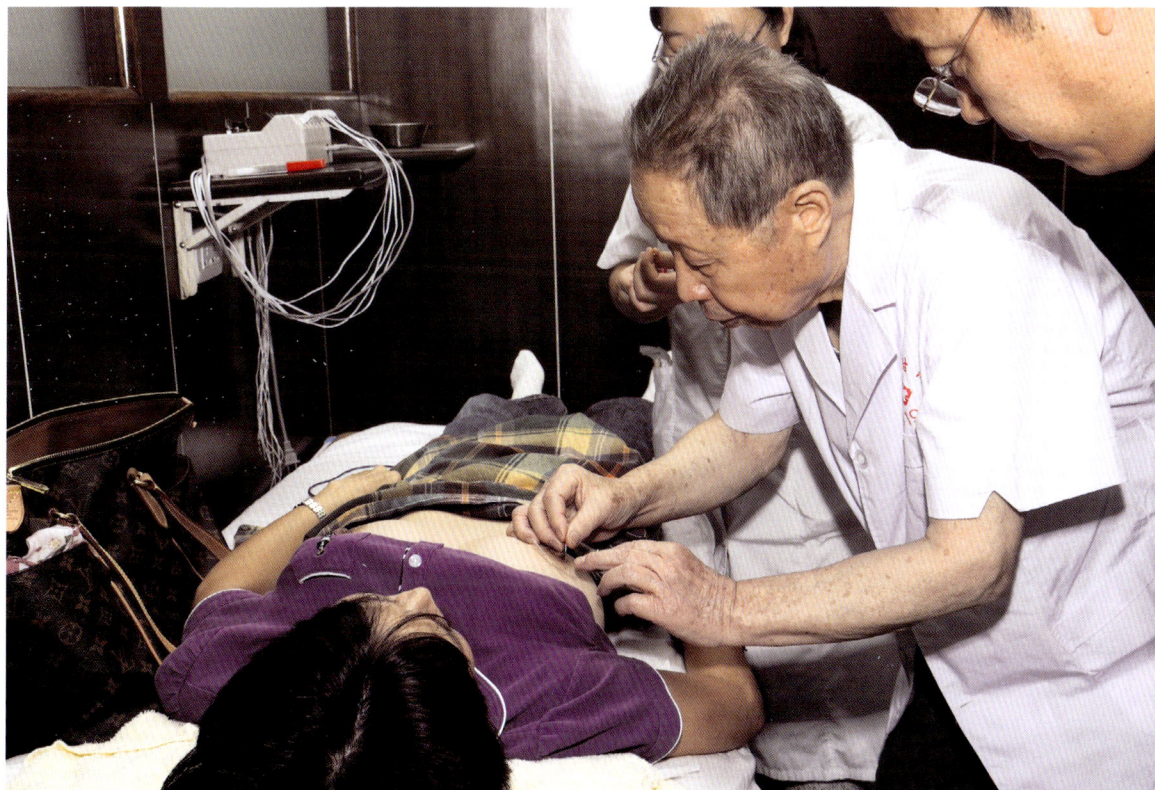

2011 年 9 月郭诚杰教授在为患者进行针刺治疗

2012 年 8 月，在甘肃平凉举办"首届皇甫谧故里拜祖大典暨《针灸甲乙经》学术思想国际研讨会"，会后郭诚杰教授和王国强副部长等进行交流

唐祖宣

他常运用益气化瘀、温阳益气、清热解毒等法治疗血栓闭塞性脉管炎、静脉血栓形成、糖尿病性坏疽等，研制的"脉络疏通颗粒"为国家三类新药，作为全国人大代表，他提出中医药事业方面的议案386件，就中医药事业发展的重大事项致信中央领导61封。

唐祖宣，男，1943年7月生，河南邓州人，中共党员，邓州市中医院院长，主任医师。1958年3月参加工作，1963年7月河南省中医学徒出师。历任中华中医药学会理事，中华中医药学会外科分会顾问，中华中医药学会血栓病分会副主任委员，中国中西医结合学会周围血管病专业委员会常务委员，中华中医药学会河南分会常务理事。第一、二批全国老中医药专家学术经验继承工作指导老师，享受国务院政府特殊津贴。1986、1987年两次荣获全国卫生文明先进工作者称号；研究成果"温阳法治疗血栓闭塞性脉管炎"曾获河南省科技进步一等奖、河南省重大科技成果奖、中华中医药学会科学技术二等奖；1986年被人事部授予"国家级有突出贡献的中青年专家"称号；1989年被河南省委授予"河南省优秀共产党员"称号；1990年被河南省委、省人民政府授予"河南省劳动模范"称号，并获省"五一"劳动奖章；1991年享受国务院政府特殊津贴；2007年被国家中医药管理局评为全国老中医药专家学术经验继承工作优秀指导老师；2008年被河南省中医药管理局授予"河南中医事业终身贡献奖"；2010年被国务院授予全国先进工作者称号。

唐祖宣在半个世纪的临床与科研实践中，积累了丰富经验，对仲景典籍极为推崇，在总结前人精华的基础上不断创新，对温阳药物的运用具有独到见解，形成了自己独特的学术观点。他自20世纪50年代便开始对"脱疽"的治疗进行研究，1965年他的治疗经验在《中医杂志》首发。他结合自己临床经验将周围血管病按照中医特点分型，并确立治则治法。常运用益气化瘀、温阳益气、清热解毒等法治疗血栓闭塞性脉管炎、静脉血栓形成、糖尿病性坏疽、动脉硬化闭塞症等疾病，疗效显著。他研制的治疗血栓病的国家三类新药"脉络疏通颗粒"销售国内外，年销售额达8000万以上。1965年至今，他在《中医杂志》《中国中西医结合杂志》《中国医药学报》等省级以上学术期刊发表论文106篇，结合医疗、教学、科研，出版发行了《四肢血管病的研究与治疗》一书，并将中医经典著作《黄帝内经》《难经》《伤寒论》《金匮要略》等作了阐微与注释，出版学术著作 14 部。同时编著出版了《为了中医药事业》《我为中医五十年》《情满中医》等著作 22 部，计 3600 万字。唐祖宣每天坚持出门诊，日门诊量约 60 人。多次参加国际和国内学术会议进行学术交流。20 世纪 70 年代，他承担河南省西医离职学习中医班的教学任务，培养出 300 多位西学中人才；20 世纪 90 年代开始，筹办农村中医培训班，为基层培训中医人才。他言传身教、启迪后学，先后带徒 46 人，均已成为学科骨干。

自 1981 年以来，唐祖宣历任邓州市、南阳市人大代表，河南省第八届人大代表，第七届、九届、十届、十一届、十二届全国人大代表，30 余年的代表历程中他提出议案、建议 889 件，其中有关中医药事业方面的 386 件，就中医药事业发展的重大事项致信中央领导 61 封。主要贡献有：助推国家中医药大政方针的制定；助推建立健全各级中医药管理机构；助推中医药立法进程；助推基层中医药事业的发展；发挥中医药在防治重大疫病中的作用；助推中医药教育、科研和传承工作。

1994 年 4 月唐祖宣教授与
党中央副主席李德生合影

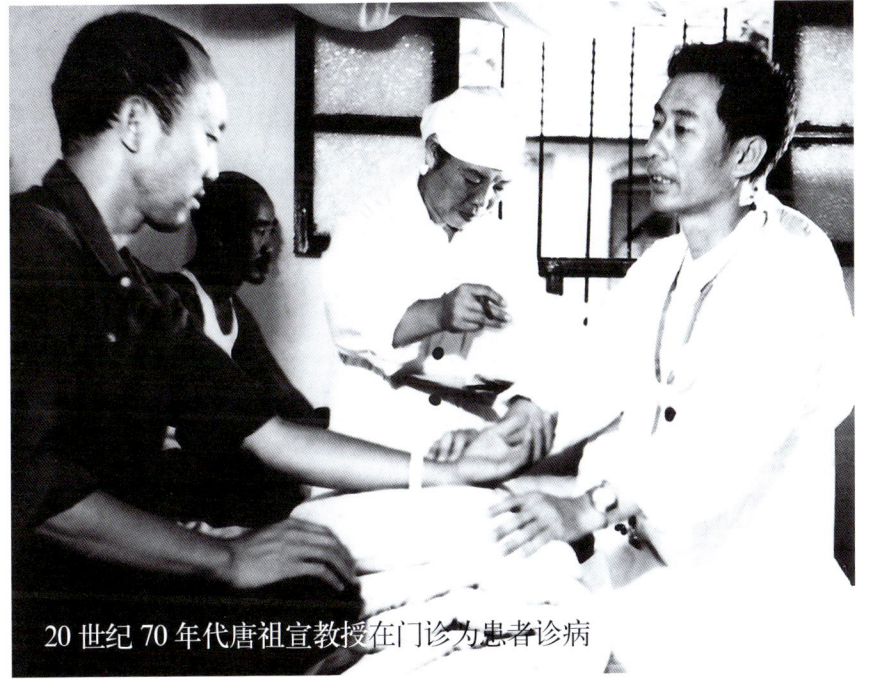

20 世纪 70 年代唐祖宣教授在门诊为患者诊病

2008 年 1 月唐祖宣教授在华国锋住地

2005 年 3 月 10 日唐祖宣教授与中共中央政治局常委罗干亲切握手

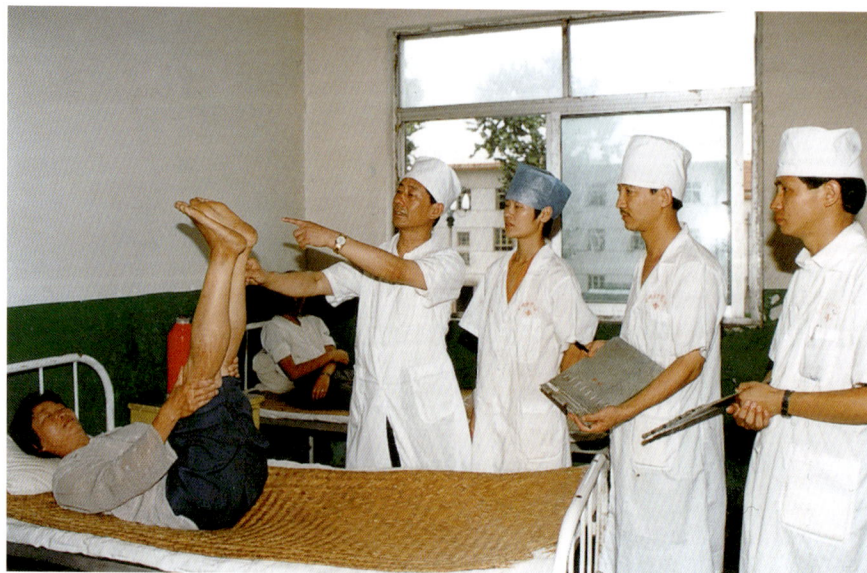

2005 年 7 月唐祖宣教授带徒查房

2006 年 3 月 9 日唐祖宣教授与卫生部部长高强合影

2007 年 4 月唐祖宣教授在农村为患者诊病

2008 年 3 月 5 日唐祖宣教授与中共中央政治局委员、宣传部部长刘云山亲切握手

2010 年 1 月 25 日唐祖宣教授与中共中央政治局常委、国务院总理温家宝在一起

2008 年 3 月 19 日唐祖宣教授与卫生部副部长、国家中医药管理局局长王国强合影

2010 年 3 月 10 日中共中央总书记、国家主席、中央军委主席胡锦涛在人民大会堂接见十一届全国人大代表河南代表团

2011 年 3 月 2 日中共中央政治局常委、国务院副总理李克强在河南大厦看望代表时与唐祖宣教授亲切交谈

2011 年 3 月 2 日中共中央政治局常委李长春在河南大厦看望代表时与唐祖宣教授亲切交谈

2012 年 3 月 9 日唐祖宣教授与中共中央政治局常委、中央纪律检查委员会书记贺国强亲切握手

2013 年 8 月 30 日唐祖宣教授与中共中央政治局常委、全国人大常委会委员长张德江交谈

2014 年 3 月 14 日唐祖宣教授与国务院副总理刘延东谈医改

2014 年 3 月 7 日唐祖宣教授与中共中央政治局常委王岐山亲切交谈

夏桂成

　　他深入研究女性独特的生理病理特点，开创"经间期"学说，填补理论空白；确立中医药调整月经周期节律法，深化调经的"治本"大法，创立"心-肾-子宫轴"学说，使中医妇科学传统理论有了新发展。

　　夏桂成，男，1931 年 7 月生，江苏无锡江阴人，中共党员，大学专科学历，江苏省中医院主任中医师、教授、博士生导师。

　　1958 年毕业于江苏省中医进修学校中医学专业。第二、三、四批全国老中医药专家学术经验继承工作指导老师。享受国务院政府特殊津贴专家。荣获 2005 年中国医师协会中国医师奖，2007 年度卫生部全国卫生系统先进工作者，2009 年中华中医药学会全国中医妇科名师，2011 年江苏省政府科学技术进步一等奖，2012 年卫生部全国卫生系统创先争优先进个人，2012 年卫生部、人力资源社会保障部全国"白求恩奖章"等荣誉。

▶ 临床实践

　　夏桂成从事中医妇科临床工作六十余载，对病人满腔热忱，对工作积极负责，其患者来自全国各地以及欧美、东南亚地区。耄耋之年，他仍坚持每周四次门诊，每年诊治患者万余人次，以精湛的医术，使无数家庭得到幸福。他被评为 2011 年江苏省卫生系统"江苏省第二届名医民选·百姓信任的医疗专家"、"我最喜爱的健康卫士"、2012 年江苏省卫生厅"百名医德医风标兵"。

▶ 创新学术

　　夏桂成深入研究女性独特的生理病理特点，创立了中医女性生殖节律新理论，使中医妇科学传统理论有了新的发展。

　　1. 开创"经间期"学说，填补理论空白。夏桂成在诊治经间期出血疾病时，发现经间期阴阳转化具有"重阴必阳"的特征，他深究其中动静、升降的运动形式，以及所产生的气血变化和病理产物，确立了诊疗方案，并在临床实践中得到公认。"经间期"

学说完善了月经周期的全程，填补了中医妇科学对月经周期理论认识的空白。1986年该理论成果被编入全国高等医药院校教材第五版《中医妇科学》中。

2. 确立中医药调整月经周期节律法，深化调经的"治本"大法，创立"心－肾－子宫轴"学说。对女性周期生理病理特点深入剖析，夏桂成根据月经周期演变过程循环往复的规律，运用月经周期调节法（简称"调周法"）诊疗，使得阴阳转化，达到内环境的平衡，气血调畅，择时孕育。该方法结合"心－肾－子宫轴"学说，更深层次地揭示了阴阳气血活动在女性体内的有序性，为治疗妇科的"已病"、"未病"奠定基础，形成中医药调治月经周期节律的特色。

▶ 科研教学

夏桂成中医妇科的创新理论，经历大量实践检验之后，研究成果荣获2011年江苏省科技进步一等奖，这是该奖项设立30年以来中医临床研究首次获得一等奖。在他带领下江苏省中医院妇科年门诊量达35万人次，成为全国有重要影响的中医妇科学术中心。夏桂成创建了南京中医药大学妇科教研室，参加了全国高等医药院校教材《中医妇科学》第一、二、五版等的编写工作，担任第七版教材《中医妇科学》的主审。现在他依然带教博士研究生，参与全国优秀中医临床人才、江苏省"333"工程、江苏省中医药领军人才培养等工作。指导开展国家级课题5项、省部级课题19项，获国家发明专利1项，研制院内制剂2项。

▶ 传承推广

夏桂成以第一作者发表论文102篇，编写中英文学术专著20余部。其学术创新理论辐射国内外15所院校，得到广泛的推广应用。他多次赴美国、意大利、日本、爱尔兰等国家讲学，国内外来访学习者络绎不绝。其中，日本中医药学会专程组团来求学。"夏桂成名中医工作室"荣获全国首批先进工作室，团队近5年培养研究生共计100余名，进修医师120余名。

▶ 高风亮节

夏桂成热心公益事业，多次参与各类赈灾捐款。2008年汶川地震，他捐款2000元，并缴纳5000元特殊党费，表达了一个老共产党员的赤子情怀。夏桂成还将省政府科技进步奖的30万元奖金捐给医院的科研事业，设立"夏桂成中医学术研究基金"，鼓励后学进一步传承、发展中医药事业。

1955 年夏桂成教授在读书

1982 年夏桂成教授参加在山西太原举办的首次全国中医妇科学术会议

1995 年夏桂成教授赴澳大利亚讲学

2000 年夏桂成教授赴台北市中医师学会参加学术交流

夏桂成教授在为患者诊病

2011 年度江苏省科学技术奖
证 书

为表彰江苏省科学技术奖获得者，特颁发此证书。

项目名称：中医女性生殖节律理论创新及临床应用
奖励等级：一 等
获 奖 者：夏桂成

2012 年 2 月 23 日

证书号：2011-1-3-R1

2011 年夏桂成教授被授予江苏省中医妇科专业委员会终身名誉主任委员称号

2011 年夏桂成教授在"十二五"全国高等医药院校《中医妇科学》审编会议上发言

2012年国家"白求恩"奖章授予唯一的中医获得者夏桂成教授，得到卫生部副部长国家中医药管理局局长王国强的亲切接见

2013年江苏省卫生厅领导为夏桂成科研基金成立揭牌

2013年夏桂成教授与国家中医药管理局领导及部分同仁合影

夏桂成教授诊疗现场

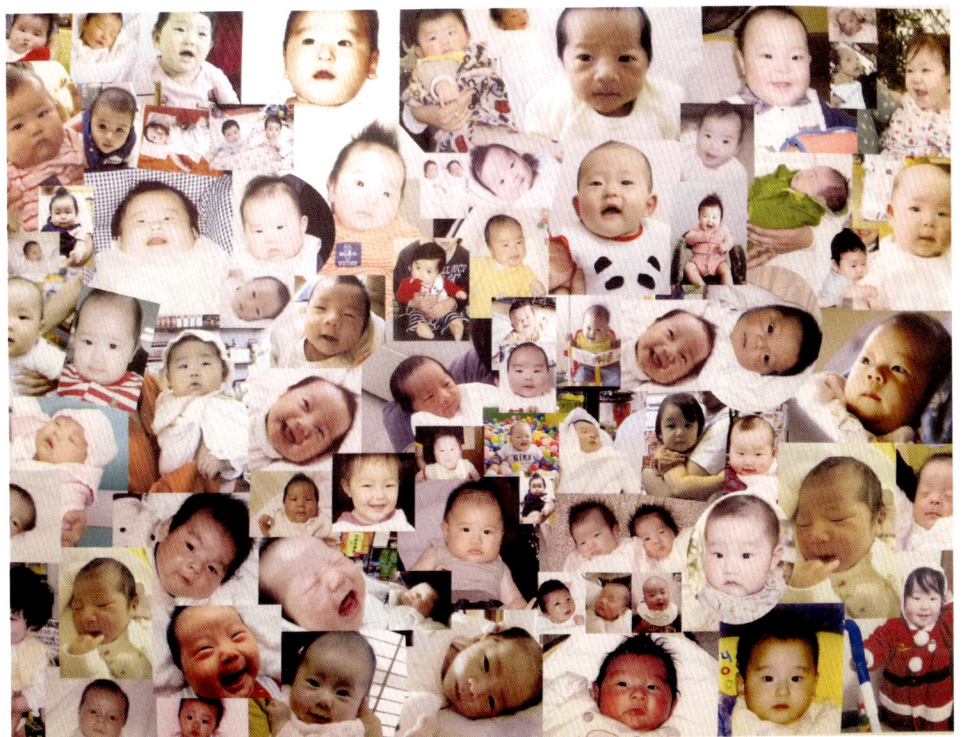

国外同仁运用夏桂成教授调周法治疗出生的婴儿，汇制成千子图，作为礼物赠送夏桂成教授作为纪念

晁恩祥

他抗击非典巧施妙手，展现中医药在急症方面的特色。他热心公益，心系偏远，用医术挽救边疆百姓于苦痛。他长于治肺病，潜心钻研，创新中医"风邪"理论，形成风咳、风哮辨治体系。他在传染病防治及中医药事业传承发展方面献计献策。

晁恩祥，男，1935年7月生，河北唐山人，中共党员，大学本科学历，中日友好医院主任医师、内科首席专家，教授、博士生导师。

1962年毕业于北京中医学院中医专业，为中华中医药学会内科分会副主任委员兼秘书长、肺病和急诊分会主任委员，世界中联呼吸病专业委员会会长，第三、四、五批全国老中医药专家学术经验继承工作指导老师，全国首批中医药传承博士后合作导师，中央保健会诊专家，享受国务院政府特殊津贴专家。2013年被北京市中医管理局、卫生局评为第二届"首都国医名师"。

▶ 业医简史

1962年毕业后即到内蒙古中医院工作22年，期间于1976年至1977年在北京参加全国中医研究班学习，并任内科主任；1984年调至中日友好医院至今，历任中医处处长、中医肺脾科和中医大内科主任。

▶ 主要贡献

在内蒙古自治区，多次到边疆少数民族地区参与防治克山病和"老慢支"，1983年获"少数民族地区优秀科技工作者"荣誉。参加"非典"等传染病一线会诊，2003年、2012年分别获"抗击'非典'特殊贡献奖"和"全国中医药应急工作先进个人"；作为保健会诊与养生专家多次参加外院重要会诊并开展中医科普宣传，2006年、2010年分别获"中央保健工作先进个人"和"首都中医药养生首席指导专家"称号；三次以客座教授名义应邀到日本、澳大利亚、美国、中国香港和中国台湾等地讲学、指导医疗；

为国家药品评审专家、中医名词和标准化委员会委员，参加国家基本药物目录和国家基本医疗保险药品目录遴选，参编《中医内科常见病诊疗指南》；在传染病防治及中医药事业传承发展方面献计献策，2009 年获"首都中医药防治甲流科技攻关奖"。

▶ 学术思想及传承

他创新中医"风邪"理论，形成风咳、风哮辨治体系，提出"发时疏风解痉、宣肺平喘，平时扶助正气、固本培元"理念。"风哮、风咳理论及其临床应用"2009 年获中华中医药学会科学技术奖一等奖，"固本止咳片治疗慢性气管炎"1982 年获内蒙古自治区科技进步三等奖。重视慢性咳嗽、哮喘、慢阻肺和肺纤维化研究，参与制定肺系常见病中医诊疗指南；重视肺心病"肺衰"研究，继承中医"通法"理论，并灵活应用于危重症患者救治，为《中国中医急症》杂志主编，并参编《中医急诊医学》；针对"非典"、甲流等传染病，注重"温邪上受、首先犯肺"，提出"表里双解、标本同治"理论，参与制定"非典"、甲流等传染病诊疗方案；注重整体观念和"治未病"思想，倡导"调补兼施、以平为期"，参编《临床中医内科学》，1995 年获"国家图书奖"提名奖。

承担全国名老中医药专家学术经验传承工作室和北京中医药"薪火传承 3+3 工程"室站建设，为多个省市培养硕士、博士、博士后等 50 余名，主持国家"十五"、"十一五""名老中医临床经验、学术思想传承研究"等传承项目，分别于 2006 年、2011 年获中华中医药学会"中医药传承特别贡献奖"和"北京中医药薪火传承贡献奖"。

▶ 论文论著及科研成果

主编《明医之路 道传薪火》等专著 8 部，副主编《砭石集》等 2 部，参编著作 12 部，主审 3 部，获"国家图书奖"提名奖 1 项；发表论文 97 篇，第一作者 41 篇，SCI 论文 1 篇（通讯作者），另外有关晁恩祥学术经验论文 32 篇。参研课题 10 余项，获得省部级一等奖 2 项，二等奖 1 项，三等奖 3 项；授权发明专利 3 项，指导研发新药 3 种，其中针对"风咳"的"苏黄止咳胶囊"实现成果转化，已上市并被遴选为医保品种。

▶ 参与社会团体活动

历任中医肺系病等 8 个专业学会主任委员或会长，中医内科等 7 个专业学会副主任委员或秘书长，中国医师协会等 14 个专业委员会的理事顾问，中国中医科学院等 16 个部门或省市中医传承导师，多次完成全国名老中医讲习班授课任务，是国家中医肺病和急诊学科带头人。

高中时期的晁恩祥酷爱体育

晁恩祥教授（左六）与耿德章院长（左四）、焦树德教授（左五）参加尪痹科研协作会议

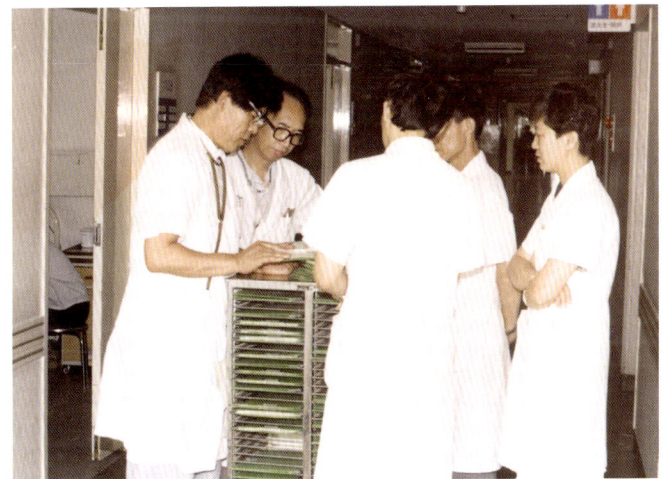

晁恩祥教授（左一）在病房进行查房

1976年晁恩祥教授（左一）在全国中医研究班与方药中老师（左三）合影

晁恩祥教授（左三）与王永炎（左二）、钱英（左一）到"老少边穷"地区下乡义诊时合影

1996年晁恩祥教授（左四）参加悉尼－北京国际中医学术讲座

晁恩祥教授（左一）与董建华院士（左三）、程莘农院士（左二）交谈，向他们请教

1998年晁恩祥教授（左一）受台湾长庚纪念医院董事长王永庆邀请到家中做客

晁恩祥教授（前排左三）获中华中医药学会授予"抗击非典特殊贡献奖"

2003年5月晁恩祥教授（左一）就非典防治工作在凤凰卫视台做专题讲座并接受采访

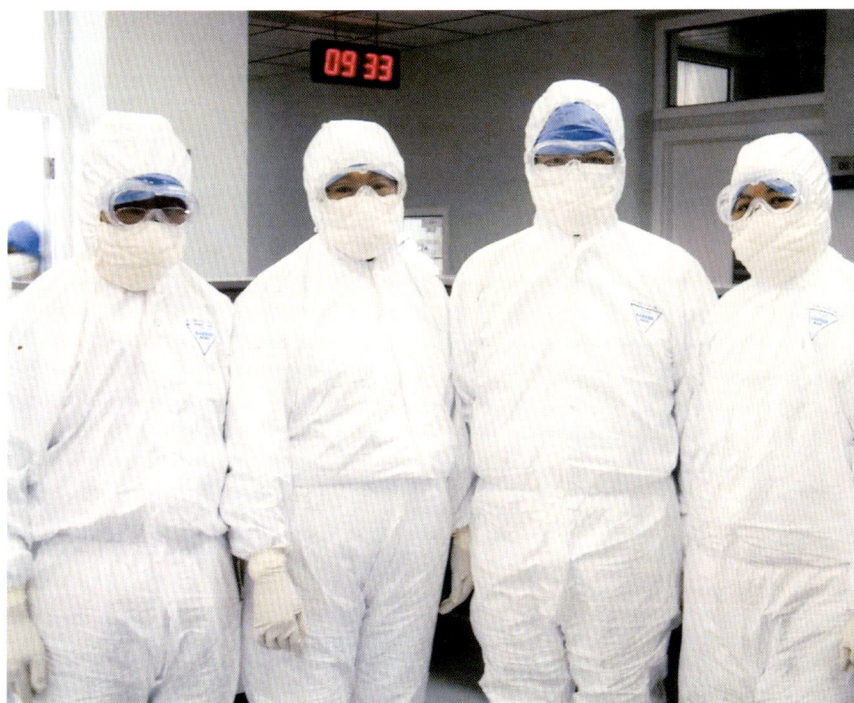

2003年SARS期间，晁恩祥教授（左三）应邀到北京地坛传染医院会诊

晁恩祥教授（左三）参加地坛医院关爱艾滋病患者的红丝带之家活动及会诊

晁恩祥教授（左二）在广东会诊期间听取病情汇报并指导临床诊疗

晁恩祥教授（左一）和首届国医大师任继学教授在"十五"科技攻关会议上

2006 年晁恩祥教授获中华中医药学会首届中医药传承特别贡献奖

2010 年晁恩祥教授获得首都中医药防治甲型 H1N1 流感科技攻关奖

2013 年晁恩祥教授（中排左五）在收徒拜师会上与北京及外地高徒合影

2014 年 7 月晁恩祥教授在医道精诚
——晁恩祥教授谈医德、医术报告会上发言

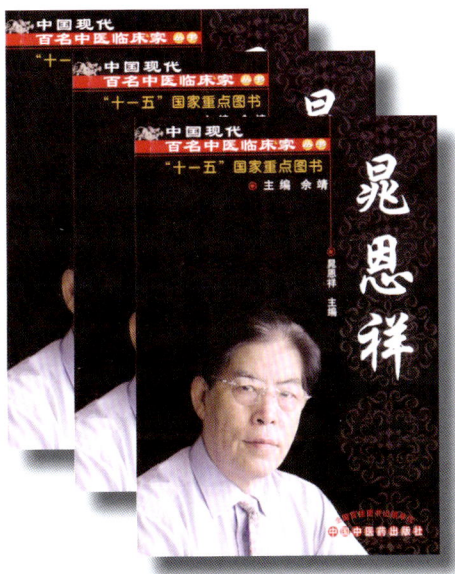

2014 年 7 月晁恩祥教授荣获"首都国医名师"荣誉称号

褚国维

他主张皮肤病学科从中医外科学中独立出来，他创新发展了岭南皮肤病学流派，形成了自身独特的学术体系，在皮肤病治疗上首倡"平调阴阳、治病之宗""解毒驱邪，以和为贵"等学术观点。他学术精湛，深受同行和患者爱戴。

禤国维，男，1937年11月生，广东佛山人，中共党员，六年制本科学历，广州中医药大学首席教授、博士生导师、主任医师。

1963年毕业于广州中医学院中医专业，任世界中医药学会联合会皮肤科专业委员会首任会长，中华中医药学会皮肤科分会顾问，中国中西医结合学会皮肤性病委员会顾问，是第二、三、五批全国老中医药专家学术经验继承工作指导老师，第一批中医药传承博士后合作导师，享受国务院政府特殊津贴。1993被评为广东省名中医，2001年被教育部评为全国优秀教师，2006年被中华中医药学会授予中华中医药学会首届中医药传承特别贡献奖，2007年被国家中医药管理局评为全国老中医药专家学术经验继承工作优秀指导老师，2007年荣获中国医院协会、中华医学会、中国医师协会等授予的"和谐中国十佳健康卫士"称号，是中医界唯一获得此项荣誉的专家，2013年被中国医师协会、医师报社推选为当代大医精诚代表。

▶ 创新中医皮肤病学岭南流派

禤国维主张将皮肤病学科从中医外科学科中独立出来，并逐步形成了自身独特的学术体系，创新发展了岭南皮肤病学流派，其工作室被国家中医药管理局确定为国家中医学术流派传承工作室。

他引领科室逐步发展壮大，成为了国家级重点学科，是全国中医皮肤科门诊量最大的单位之一。2009年他担任世界中医药学会联合会皮肤科专业委员会首任会长。

▶ 致力于中医药理论创新研究

他丰富了中医皮肤病治疗学说，在皮肤病治疗学上首倡"平调阴阳、治病之宗"、"解毒驱邪，以和为贵"等学术观点；他创新发展了中医皮肤病病机学说，认为中医学皮肤病病机学理应与时俱进，不断发展，他建立了特点鲜明的脱发、痤疮等专科，取得显著疗效；他致力于中医药理论基础研究，借助基因组学探讨系统性红斑狼疮中医"证"的研究；他发展中西医结合皮肤病治疗体系，注重辨证与辨病相结合，推动皮肤病中西医结合学术体系的发展，不断探索中医现代化之路；他在皮肤病治疗方法上进行创新，形成了中医皮肤病的外用药物十八法、针灸十五法和其他疗法三大类，系统了"中医皮肤病外治法体系"，填补了皮肤病外治法的空白。在50余年的工作生涯中公开出版学术著作20部，发表学术论文140多篇，主持科研课题13项并获得多项科研奖励，先后在46个团体任职。

▶ 从医五十载"皮肤圣手"美名传

他学术精湛，疗效显著，深受患者爱戴。屡屡让许多沉疴奏奇效，还为中央、省市领导及驻军部队人员的健康保健做了大量工作，荣获"和谐中国十佳健康卫士"称号。他高尚医德赢得社会普遍赞誉，成为卫生行业医德楷模，获"当代大医精神代表"、广东省白求恩式先进工作者等称号。

▶ 桃李满天下

他培养的弟子如今都成为中医学界的骨干力量。他师、范两全，被授予"全国优秀教师称号"、"师德标兵"等称号。弟子陈达灿为广东省中医院院长，担任世界中医药学会联合会皮肤科专业委员会长等职务，其在特异性皮炎领域的研究被列入国家"十一五"课题，获得了全国牵头重点研究特应性皮炎、足癣两个病种；卢传坚成为广东省中医院副院长，广东省"千百十"工程国家级学术骨干培养对象，她在银屑病领域的研究被列入国家"十二五"课题；刘巧成为海南省皮肤病医院院长等。

▶ 为中医而生，献计献策助推中医药事业

作为全国著名的中医药学家和广东省人大代表，他在全国中医药工作会议、在省政府和名老中医代表座谈会上、广东省人大会上提出有关提案，提出了许多有针对性的建议，为促成广东省中医药强省战略的形成与实施贡献了力量。

2013 年褟国维教授在家中

中学时代（广雅中学，右一）

大学时代参观毛泽东故居（右）

大学时代（中）

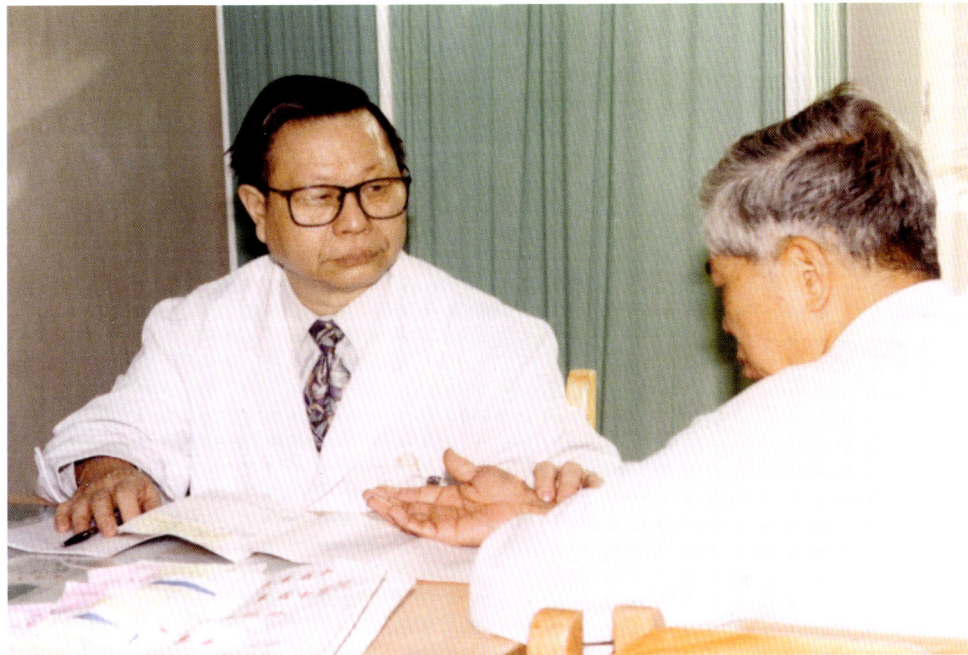

2002 年禤国维教授在门诊为患者看病

2005 年禤国维教授在医院图书馆查阅资料

2003 年禤国维教授当选广东省第十届人民代表大会代表（前右一）

2006 年 9 月 15 日，健康卫士禤国维事迹报告会在广东省委礼堂召开

2006 年 9 月广东省委副书记蔡东士（左一）等领导看望禤国维教授（右一）

2007 年禤国维教授（前右一）荣获首届"和谐中国十佳健康卫士"

2007 年广东省中医院赴西沙慰问驻岛官兵医疗队为驻岛官兵义诊（后排右四）

禤国维……

2013 年禤国维教授为学生解疑

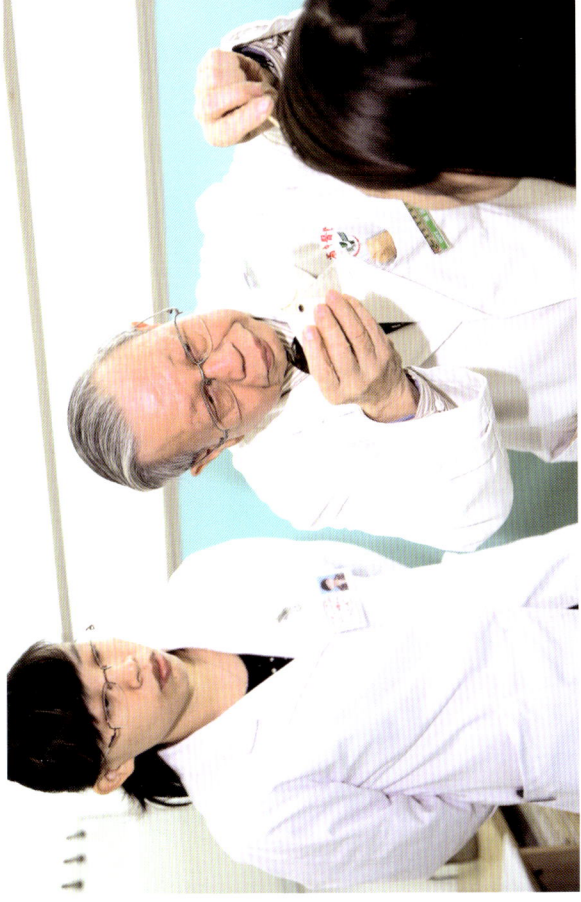

2013 年禤国维教授为患者诊病

2013 年禤国维教授临床带教学生

图书在版编目（CIP）数据

国医大师印象：第二届国医大师人物风采/国家中医药管理局编．—北京：中国中医药出版社，2015.1

ISBN 978-7-5132-2051-4

Ⅰ．①国… Ⅱ．①国… Ⅲ．①中医师－先进事迹－中国－现代 Ⅳ．①K826.2

中国版本图书馆 CIP 数据核字（2014）第 219893 号

策划编辑　肖培新
责任编辑　周　欣
装帧设计　谢定莹

中国中医药出版社出版
北京市朝阳区北三环东路 28 号易亨大厦 16 层
邮政编码　100013
传真　010 64405750
北京启恒印刷有限公司印刷
各地新华书店经销

*

开本 889×1194　1/12　印张 20.5　字数 439 千字
2015 年 1 月第 1 版　2015 年 1 月第 1 次印刷
书　号　ISBN 978-7-5132-2051-4

*

定价　1960.00 元
网址　www.cptcm.com

如有印装质量问题请与本社出版部调换
版权专有　侵权必究

社长热线　010 64405720
购书热线　010 64065415　010 64065413
微信服务号　zgzyycbs
书店网址　csln.net/qksd/
官方微博　http://e.weibo.com/cptcm
淘宝天猫网址　http://zgzyycbs.tmall.com